**Pfiffige Sketche für jede Feier**

# Pfiffige Sketche
## für jede Feier

Die Verwertung der Texte und Bilder, auch auszugsweise, ist ohne die Zustimmung des Verlages urheberrechtswidrig und strafbar. Dies gilt auch für Vervielfältigungen, Übersetzungen, Mikroverfilmungen und für die Verarbeitung mit elektronischen Systemen.

Die im Buch veröffentlichten Ratschläge wurden von den Verfassern sorgfältig erarbeitet und geprüft. Eine Garantie kann dennoch nicht übernommen werden, ebenso ist eine Haftung der Verfasser bzw. des Verlages und seiner Beauftragten für Personen-, Sach- oder Vermögensschäden ausgeschlossen.

Bibliografische Information der
Deutschen Bibliothek
Die Deutsche Bibliothek verzeichnet diese Publikation in der Deutschen Nationalbibliografie; detaillierte bibliografische Daten sind im Internet über http://dnb.ddb.de abrufbar.

Urania Verlag
in der
Verlagsgruppe Dornier GmbH
Postfach 80 06 69, 70506 Stuttgart

www.urania-verlag.de
www.verlagsgruppe-dornier.de

© 2006 Urania Verlag, Stuttgart
in der Verlagsgruppe Dornier GmbH
Alle Rechte vorbehalten.

Text: Seite 10–46, 152–154, 159: Dieter Perlowski;
Seite 48–68, 155–158, 160: Bernd Brucker, Gerald Drews; Seite 70–124: Antje Dohrn;
Seite 126–150: Rudolf Geiser
Umschlaggestaltung: Behrend & Buchholz, Hamburg
Umschlagbild: ©mauritius images/Carsten Bergmann
Satz: Roland Poferl Print-Design, Köln
Druck: Westermann Druck, Zwickau
Printed in Germany

ISBN 3-332-01841-8
ISBN 978-3-332-01841-7

*Liebe Leserin, lieber Leser,* 8

## Tipps für Ihren Auftritt 9
    Ein wenig Theorie 10
    Der Text 12
    Ideensuche 13
    Hilfsmittel 14
    Mit Gespür und Augenzwinkern 15
    10 Schritte zum Erfolg 17
    Vom Fröhlichsein und Feiern 20

## Sketche für (runde) Geburtstage 21
    Was wäre, wenn … 22
    An die Gattin 24
    Verrückt 26
    Was soll man schenken 30
    Arterhaltung 34
    Der Humanist 38
    Erwischt 42
    Verfassungsgemäß 43

## Sketche für Polterabende 47
    Ein Hauch von Hollywood 48
    Antrag mit Bedingungen 51
    Der Geizkragen 52
    Immer diese Männer! 54
    Der Heirats-Kandidat 55
    Wer's glaubt … 59
    Männerkenner 7.0 61
    So ein Theater 64
    Bescheidene Ansprüche 67
    Torschlusspanik 68

## Sketche für Hochzeitsfeiern — 69
- Die Überraschungstorte — 70
- Eine ganz besondere Hochzeit — 72
- Im Ring — 75
- Alte Bräuche — 78
- Chinesische Hochzeitsgäste — 82
- Das Hochzeitskleid — 84
- Kleine Pannen in der Hochzeitsnacht — 85
- Das Hochzeitsfoto — 87
- Heißer Flirt am kalten Büfett — 89
- Brautsuche am PC — 91

## Sketche für Hochzeitstage — 93
- Baumwolle statt Seide — 94
- Ganz allein zu zweit — 96
- Das verflixte Siebente — 98
- Hundertprozentig himmlisch — 100
- Ruhig und entspannt — 102
- Einzigartig und unvergänglich — 104
- Aus der Ferne — 105
- Ach, Bärbel — 108
- Schön offen lassen! — 111
- Alles im Griff! — 114
- Große Pläne — 116
- Ein besondere Ereignis — 119
- 50-jähriges Jubiläum — 123

## Sketche für Partys und Familienfeste — 125
- Zwang — 126
- Feng Shui — 128
- Kunst — 130
- Festrede — 132

| | |
|---|---:|
| Garderobe | 135 |
| Feinschmecker | 137 |
| Tierfreund | 139 |
| Tennis | 141 |
| Glücksspiel | 144 |
| Auto | 146 |
| Badeschwamm | 148 |

**Kurze Sketche für jede Gelegenheit** — 151
- Alternative — 152
- Alles dreht sich — 153
- Schlechte Laune — 153
- Fragmente — 154
- Familienangelegenheiten — 155
- Reingelegt — 156
- Männerträume — 157
- Geisterstunde — 158
- Es ist an der Zeit — 159
- Ausverkauf — 160

## *Liebe Leserin, lieber Leser,*

ein Fest steht an und Sie sind auf der Suche nach einem zündenden Unterhaltungsprogramm? Dann haben Sie hier genau das richtige Buch in der Hand, denn nichts sorgt mehr für ausgelassene Stimmung auf einer Feier als pfiffige Sketche.

Hier finden Sie den passenden Sketch für jede Party – seien es Geburtstage, Polterabende, Hochzeiten und Hochzeitstage oder fröhliche Feste im Beruf und Familienkreis.

Damit Sie auch bestens darauf vorbereitet sind, erhalten Sie im ersten Kapitel viele nützliche Tipps und Tricks für die Organisation und Durchführung der witzigen Vorträge. Und Sie bekommen zudem Anregungen, um vielleicht den einen oder anderen Sketch selbst zu erfinden und dem Jubilar vorzuspielen.

Alle Sketche in diesem Buch lassen sich selbstverständlich ganz speziell auf das jeweilige Fest und den jeweiligen Anlass zuschneiden. Sie müssen nur an entsprechender Stelle die persönlichen Daten einsetzen.

Und nun viel Spaß beim Auswählen der Sketche und noch viel mehr Freude bei der Aufführung auf dem Fest!

# Tipps für Ihren Auftritt

Am Anfang war das Wort. Dummerweise findet man es meist dann nicht, wenn man es braucht. Lassen Sie sich anregen, nicht nur ein Wort zu finden, sondern die richtigen Worte zur Unterhaltung einer Festgesellschaft. Kleiden Sie sie in einen Sketch, schlüpfen Sie in die von Ihnen erdachte Rolle und tragen Sie so zum Gelingen der Feier bei.

## Ein wenig Theorie

In zahlreichen Büchern können Sie Abhandlungen darüber finden, warum ein Sketch das Publikum zu Lachsalven anregen oder aber bei den Gästen den Wunsch aufkommen lassen kann, er möge hoffentlich schnell ein Ende finden. Auch an dieser Stelle sollen die Gründe für die jeweiligen Reaktionen kurz zusammengefasst werden.

**Ein gut durchdachter Text passt zu jeder Gesellschaft.**

Ein entscheidender Schritt ist die Wahl des Textes. Er sollte unbedingt zwei Kriterien erfüllen: Er muss gut (durchdacht) sein, und er muss zu der jeweiligen Gesellschaft passen. Die Qualitäts-Prüfung ist einfach. Lesen Sie den Text, und wenn er bereits Sie zum Lachen bringt, kann nicht mehr viel schief gehen. Ob er zum anvisierten Publikum passt, dürfte bei Familienfeiern kein großes Problem sein, da diese ja im Freundes- und Familienkreis stattfinden, zu dem schließlich auch Sie gehören. Wenn also der Text zu Ihnen passt, dann wird er bei der Feier sicher ankommen.

**Sie selbst sind Ihr erstes Publikum.**

Man kann fast jeden Sketch »verfeinern«, indem man ihn personalisiert. Lassen Sie Ereignisse aus dem Leben des Jubilars einfließen. Achten Sie andererseits darauf, dass der Sketch nicht zu lang wird. Aus fast jedem Sketch dieses Buches lassen sich auch einzelne Passagen streichen.

**Suchen Sie eine geeignete Szenerie.**

Zunächst müssen Sie sich Ihren Spielort schaffen. Suchen Sie eine freie Fläche, die Sie dem Sketch entsprechend ausstatten können. Viel Platz werden Sie nicht haben. Verzichten Sie also auf Requisiten, die Sie nicht unbedingt brauchen.

Sie gehen nicht zum Maskenball, also »kostümieren« Sie sich auch nicht. Ihr Äußeres darf natürlich zu Ihrer Rolle passen, muss es aber nicht unbedingt, wenn Sie überzeugend spielen.

Ein guter Schauspieler kann die Würde eines Königs auch nackt darstellen. Verändern Sie Ihre Kleidung nur so weit, wie unbedingt nötig. Spezielles Schminken ist fehl am Platz.

**Die Kunst liegt in der Beschränkung.**

Sie beabsichtigen, einen Sketch darzubieten, der Ihrem Publikum und vor allem dem Gastgeber Freude bereiten soll. Deshalb sollten Sie darauf achten, dass Ihnen nicht typische Anfängerfehler unterlaufen. Machen Sie sich nicht zum Star des Abends, denn der ist der Jubilar. Spielen Sie sich nicht in den Vordergrund, szenische Darstellungen sind kein Kampfsport. Agieren Sie mit Ihren Partnern, nicht gegen sie. Ein Partner, der an die Wand gespielt wird, kann auch die Gags Ihres Parts nicht gut vorbereiten. Die beste Wirkung erzielen Sie nur, wenn alle Rollen gleichwertig angelegt sind und gespielt werden.

**Das Spiel soll beeindrucken, nicht die äußere Fassade.**

Spielen Sie Ihre Rolle und erzählen Sie nicht. Passen Sie Ihre Gestik der Rolle an. Treten Sie nicht auf der Stelle, wenn Sie Text sprechen. Schritte dienen ausschließlich dem Ortswechsel. Sprechen Sie Ihren Text so, wie Sie sonst auch reden, sagen Sie ihn nicht auf wie ein Weihnachtsgedicht. Er muss so vorgetragen werden, dass er nicht auswendig gelernt wirkt. Verwenden Sie dabei auch Dialekt, sofern Sie ihn wirklich beherrschen.

**Je mehr Sie von Ihrer Persönlichkeit mit einbringen, umso überzeugender wirkt Ihr Spiel.**

Im Szenenapplaus oder beim Lachen geht Ihr Text unter, also sollten Sie dann nicht weitersprechen. Mimik und Gestik allerdings dürfen nicht einfrieren. Rechnen Sie immer damit, dass etwas Unvorhergesehenes geschieht. Vielleicht gibt es Zwischenrufe von dem einen oder anderen Gast. Reagieren Sie ruhig darauf, wenn es die Szene erlaubt, aber denken Sie auch daran, Ihrem Partner anschließend das richtige Stichwort zu geben. Kalkulieren Sie Pannen ein. Überlegen Sie sich vorher, was Sie tun, wenn plötzlich der Text wie weggeblasen ist, ein Requisit fehlt oder ein technisches Gerät ausfällt. Ein lockerer Spruch kann da sehr entspannend wirken.

**Machen Sie aus einer Panne einen zusätzlichen Gag.**

## Der Text

**Das Verhältnis zum Jubilar ist von entscheidender Bedeutung.**

Einige Grundsätze der Sketchgestaltung sollen an dieser Stelle im Zusammenhang mit den Texten in diesem Buch näher erläutert werden. Es hat Einfluss auf den zu wählenden Text, ob Sie von einem Arbeitskollegen, einem Freund, einem entfernten oder einem nahen Verwandten eingeladen werden. Bei einem Gastgeber aus dem Arbeitsbereich spielt zudem eine Rolle, ob es sich um einen Kollegen (oder eine Kollegin) oder um Ihren Vorgesetzten handelt.

Ein Beispiel dafür finden Sie in dem Sketch »An die Gattin« (Seite 24). Hier soll eine Rede zum Anlass der Feier verfasst werden. Dieser Sketch eignet sich auf den ersten Blick nur für den Ehemann mit einer Spielpartnerin, kann aber durch einen kurzen Vorspann alternativ eingesetzt werden, etwa wie folgt:

Er: Liebe Festgemeinde, kürzlich hatte ich das Glück, Zeuge eines Gesprächs werden zu müssen. Das Wort »müssen« ist richtig, weil ich mich oft zu meinem Glück zwingen muss. Ich hätte ja nicht zuzuhören brauchen.

Sie: Was überaus schade gewesen wäre, denn dann hätten wir von diesem Gespräch niemals Kenntnis erhalten

Er: Eben.

Sie: Da wir davon ausgehen, dass die Neugier eine überaus menschliche Eigenschaft ist, wollen wir euch das Gespräch natürlich nicht vorenthalten.

Man wird zwar eher selten Zeuge eines Gesprächs zwischen Chef und Sekretärin. Diese Ungereimtheit wird aber nur der aufmerksame Zuschauer bemerken und ganz sicher schmunzelnd verzeihen. Auf diese Weise lassen sich die jeweiligen Sketche leicht der individuellen Feierlichkeit anpassen. Sie müssen einfach den entsprechenden Rahmen keieren.

## Ideensuche

Auch z. B. in dem Sketch »Der Humanist« (Seite 38) geht es um eine Rede. Diese kann aber von jedem beliebigen Gast gehalten werden. Der Text soll zu eigener Kreativität anregen. Er setzt voraus, dass, wie in diesem Fall, das Geburtstagskind weiblich und ledig ist, einen Hund besitzt und Elisabeth heißt. Durch Änderungen, Ergänzungen und Streichungen muss er nur entsprechend angepasst werden. Der Sketch zeigt die Verwendung einiger Ideenquellen. Hier wurde zum Beispiel ein Zitatlexikon verwendet. Auch der Ursprung des Namens wird beleuchtet. Über den Namen des Geburtstagskindes und seine Bedeutung können Sie sich in einem Namenslexikon, ganz sicher auch im Internet informieren. Die Ideen lassen sich natürlich auch für ein männliches Geburtstagskind verwenden.

**Zitatsammlungen, Lexika und Internet bieten einen reichen Fundus an Ideen und Anregungen.**

Weitere Ideenlieferanten können Anekdoten oder historische Ereignisse sein. Solche Vorlagen lassen sich direkt nachspielen, aber auch auf anwesende Gäste abstimmen. Ein Beispiel:

Am 27. August 1825 hatte Goethe vor jedem Fenster eine Flasche Malvasier und ein Glas stehen. Jedes Mal, wenn er an einem Fenster vorbeikam, nahm er einen Schluck, und seinem Sekretär Wolff warf er vor, dass man seinen Geburtstag vergessen habe.
Dieser erwiderte: »Euer Exzellenz Geburtstag? Die ganze Welt denkt daran. Wer sollte auch des 28. Augusts nicht gedenken! Aber, Exzellenz, der ist erst morgen.«
Goethe rief daraufhin: »Kalender her!«
Er überzeugte sich und murmelte: »Da habe ich danebengefeiert!«

**Spielen Sie eine Anekdote und/oder variieren Sie nach Herzenslust.**

Nun können Sie die Herren Goethe und Wolff auftreten lassen oder Sie spielen sich selbst.

Da man dem Jubilar mit dem Sketch vor allem eine Freude machen will, bietet es sich natürlich an, dessen gute Seiten herauszustellen. Wie aber schmeichelt man unterhaltsam?

**Orientieren Sie sich an den Tricks der Werbeprofis.**

Vor dieser Frage stehen auch die Werbeagenturen. Sie müssen Produkte anpreisen und gleichzeitig dafür sorgen, dass der umworbene Verbraucher auch hinguckt. Sehen Sie sich die Werbung im Fernsehen einmal genauer an. Da hören Sie zum Beispiel den Satz: »Es ist an der Zeit, ein Bier zu feiern, wie es so gebraut in Deutschland kein zweites gibt.« Dazu wird Ihnen die Semperoper in Dresden gezeigt, in der dieses Bier ganz gewiss nicht gebraut wird.

**Setzen Sie Musik »verkaufsfördernd« und witzig ein!**

Wenn Sie Musik in Ihren Sketch einbauen wollen, sollten Sie versuchen, die Hintergrundmusik des gewählten Werbespots zu finden. Bei der Semperoper hören Sie beispielsweise »Freudig begrüßen wir die edle Halle« aus »Tannhäuser« von Richard Wagner. Nun setzen Sie den Spot für Ihre Zwecke um: »Es ist an der Zeit, eine Frau/einen Mann/einen Menschen zu feiern, wie es sie/ihn in Deutschland kein zweites Mal gibt«. Weil das allein für einen Sketch aber noch nicht ausreicht, muss nun daraus eine Szene entwickelt werden wie in dem Sketch »Es ist an der Zeit« (Seite 159).

## Hilfsmittel

Bisher haben wir die Ideenlieferanten nur zur Vorbereitung gebraucht, jetzt verwenden wir sie im Spiel. Im Sketch »Verfassungsgemäß« (Seite 43) muss mindestens ein Darsteller das Grundgesetz als Requisite dabeihaben. Der Vorteil liegt auf der Hand, man kann den Text in so ein Büchlein hineinkleben und hin und wieder hineingucken. Der Text sollte dem Getränkeangebot der Feier so weit als möglich angepasst werden, ggf. bringen Sie die entsprechende Flasche Wein mit.

Wenn jeder Darsteller seinen Text liest und dabei Mimik und Gestik entsprechend einsetzt, ergibt sich daraus eine szenische Lesung. Das freie Spiel verlangt hingegen perfekte Textbeherrschung. Viele Sketche in diesem Buch eignen sich auch für eine szenische Lesung wie zum Beispiel »An die Gattin« (Seite 24). Allerdings ist das (Schau-) Spiel die wirkungsvollste Art der Darbietung.

Man kann es sich noch einfacher machen. Der Text wird nicht abgetippt, um ihn in ein Buch zu kleben, man nimmt einfach ein Buch und liest daraus vor. Bei einer Autoren- oder Dichterlesung kann man davon ausgehen, dass der Autor seinen Text ausdrucksvoll vortragen wird, weil er die Gedanken und Empfindungen kennt, die ihn beim Schreiben bewegt haben. Als Leser müssen Sie den Text ohne dieses Hintergrundwissen wirkungsvoll betonen. In fast allen Sketchen lassen sich Hilfsmittel einsetzen. Wer seinen Sketch selbst schreibt, kann ihn so anlegen, dass er den Text zur Szene passend bei sich hat, so wie in »Arterhaltung« (Seite 34).

**Variieren Sie spontan: szenische Lesung oder freies Spiel; gekonnt dargeboten hat beides seinen Reiz.**

## Mit Gespür und Augenzwinkern

Wollen Sie Ihr Publikum zum Schmunzeln, ja zum Lachen bringen oder aber Spannung erzeugen? Keinesfalls sollten Sie mit Ihrem Geschenk die Stimmung verderben.
In diesem Buch finden Sie Sketche, die nicht sofort von Ihrem Publikum als Spiel erkannt werden, nämlich dann, wenn Sie und Ihre Mitspieler zwischen den übrigen Gästen sitzen und plötzlich anfangen zu spielen.

**Ein Streit bietet immer einen guten Stoff für einen Sketch, wenn die Komik nicht zu kurz kommt.**

Es gibt kleine Tricks, wie man von Anfang an klärt, dass es sich um einen echten Sketch handelt. Verteilen Sie die notwendigen Requisiten so an Ihre Mitspieler, dass es jeder Gast bemerken muss. So machen Sie deutlich, dass nun etwas Überraschendes zu erwarten ist, ohne es groß verkünden zu müssen. Unbedingt aber spielen Sie solche Sketche stets mit einem deutlichen Augenzwinkern. Zeigen Sie durch Ihre Spielweise, dass Sie sich und mit dem Publikum einen Spaß machen. Dieses Spiel muss aber sehr gut geprobt werden, denn es ist nicht einfach, den Gegensatz von Text und Mimik darzustellen.

Im Sketch »Was soll man schenken« (Seite 30) wird ein Beispiel für einen Streit gezeigt, wobei sich hier eine dritte Person am ehelichen Disput beteiligt. Hier ist nun vor allem auch Ihre Sensibilität gefordert, denn das Geburtstagskind wird sozusagen »entkleidet«. Diese Entkleidung findet zwar nur in der Fantasie der Gäste statt, könnte aber unter Umständen die Gastgeberin peinlich berühren. Prüfen Sie also genau, ob dieser Text zu ihr und der Gesellschaft passt oder ändern Sie den Text entsprechend ab bzw. »entschärfen« Sie ihn.

**Lassen Sie niemals erotische Anspielungen in Peinlichkeit abgleiten.**

Einen Hauch von Erotik finden Sie in den Sketchen dieses Buches immer dann, wenn »Yvonne« auftaucht. Die Darstellerin dieser Rolle sollte eine gewisse »erotische Ausstrahlung« haben und diese in ihrer Rolle auch gerne demonstrieren. Pikant wird es, wenn die Gastgeberin annehmen könnte, dass die Erotik nicht nur angedeutet wird, sondern tatsächlich in ihrem Schlafzimmer stattfinden soll wie im Sketch »Arterhaltung« (Seite 34). Diesen Sketch sollten Sie deshalb nur vortragen, wenn Sie mit den Gastgebern verwandt oder sehr gut befreundet sind.

Wollen Sie ein Geschenk im Rahmen eines Sketches übereichen, tun Sie es so, dass der Beschenkte auch etwas davon hat. Im Sketch »Was wäre, wenn …« (Seite 22) wird der Beschenkte

animiert, eine Flasche zu öffnen. Diese Flasche sollte also nicht das eigentliche Geschenk sein.
Mit dem Sketch »Verrückt« (Seite 26) können Sie ein Kleidungsstück verschenken. Wollen Sie ihn spielen, ohne ein solches Geschenk zu machen, verwenden Sie als Requisite eines Ihrer eigenen Kleider.

**Verwenden Sie eventuell ein Geschenk als Requisite in Ihrem Sketch.**

# 10 Schritte zum Erfolg

Jeder Autor und jeder Schauspieler schreibt bzw. übt seine Rolle nach seiner eigenen Methode. Ein allgemein gültiges Erfolgsrezept gibt für es für beides nicht. Der folgende 10 Schritte lange Weg aber kann Sie zum Erfolg führen:

**1.** Suchen Sie für Ihren Sketch ein Thema, das zum Anlass und zur Hauptperson des Festes passt, zum Beispiel ein Ereignis aus dem Leben des Jubilars.
Tragen Sie möglichst viele Informationen zu diesem Thema zusammen. Es sollte mehr sein, als Sie für Ihre Aufführung brauchen, denn Ihnen wird nicht zu jeder Information auch ein brauchbarer Gag einfallen. Befragen Sie Bekannte und Verwandte des Jubilars, gehen Sie im Internet auf Suche nach Themen oder blättern in verschiedenen Lexika.

**2.** Sammeln Sie Textideen und bringen Sie sich damit in die richtige Stimmung zum Schreiben. Lesen Sie Sketche oder Witze, verwenden Sie alles, was Sie für Ihre Zwecke als passend empfinden und machen Sie sich dazu Notizen. Anregungen findet man auch in Zitat-, Sprichwörter- und Anekdotensammlungen oder alten Hochzeitszeitungen. Die Einfälle kommen Ihnen dabei fast von selbst. Sammeln Sie auch hier mehr, als Sie wirklich brauchen.

**3.** Sortieren Sie Ihre Textfragmente, und bringen Sie sie in einen logischen Zusammenhang. Verzichten Sie dabei auf Ideen, die den späteren Spielfluss stören könnten. Die Notizen der weggelassenen Ideen bewahren Sie natürlich auf, man weiß ja nie, wofür man sie noch brauchen kann. Die beste Ihrer Ideen sollte als Schlusspointe verwendet werden. Prüfen Sie noch einmal, ob wirklich alle Ihre Sketchinhalte dem Anlass und der Gesellschaft angemessen sind.

**4.** Legen Sie fest, wie viele Rollen Sie in Ihrem Sketch vergeben und wer sie spielen soll. Nun können Sie den Sketch schreiben. Zunächst werden die nicht spielbaren Bestandteile wie Witze, Zitate, Sprichwörter oder Anekdoten in Sprechrollen umgesetzt. Dann lassen Sie jeden Darsteller seinen Text nach seinem Sprachgebrauch umformulieren, so erhält fast automatisch jede Rolle eine individuelle Note.

**5.** Machen Sie eine erste Leseprobe, bei der jeder Darsteller seinen Text laut liest. Nehmen Sie Ideen und Anregungen, die sich beim Lesen ergeben, in den Sketch auf. Glätten Sie gemeinsam sprachliche Unebenheiten und lesen Sie den Sketch unter diesen Gesichtspunkten mehrmals. Dadurch wird er immer besser wird und man ihn fast unbemerkt anfängt zu lernen.

**6.** Der Text ist fertig. Wie Sie später Ihr Spiel beginnen, hängt davon ab, welche Szene Ihrem Sketch zu Grunde liegt. Spielt die Handlung in der Vergangenheit oder Zukunft, dann sollten Sie ihn ankündigen, um sich so die Aufmerksamkeit Ihres Publikums zu sichern, und überlegen Sie sich frühzeitig, mit welchen Worten. Soll sich Ihr Sketch aber aus den Gesprächen während der Feier entwickeln, dann ist die Szene dafür die Feier selbst, Ihr Publikum ist Bestandteil der Darbietung und wird auch entsprechend reagieren. Es soll erst nach und nach bemerken, dass Sie begonnen haben, einen Sketch zu spielen.

**7.** Legen Sie nun fest, zu welchem Zeitpunkt Sie mit Ihrem Spiel während der Feier beginnen wollen. Einen Kurztext zur Begrüßung (Beispiele finden Sie im letzten Kapitel des Buches) verwenden Sie bereits, wenn Sie den Raum betreten. Kurze Einlagen eignen sich gut zwischen zwei Gängen des Festmenüs, längere Sketche bringt man am besten nach dem Essen.

**8.** Lernen Sie Ihren Text, bis Sie ihn perfekt beherrschen und zwar nicht nur Ihren Part, sondern auch den Ihrer Mitspieler. So sind Sie sicher, dass Sie die Handlung auch dann fortführen können, wenn der Text, auf den Sie reagieren müssen, nicht Ihr Stichwort enthält, sondern nur sinngemäß wiedergegeben wird. Gehen Sie den Text im Geiste mehrmals durch und lassen Sie sich dabei unterbrechen. Nach der Störung sollten Sie in der Lage sein, genau an der Stelle fortfahren zu können, an der Sie unterbrochen wurden. Trainieren Sie diese Fähigkeit, indem Sie dort spazieren gehen, wo Sie möglichst viele Leute kennen und sie begrüßen müssen.

**9.** Bestimmen Sie einen Regisseur und proben Sie das Stück. Beginnen Sie auch einmal eine Probe mitten im Text, das verschafft Sicherheit bei unvorhergesehenen Unterbrechungen. Legen Sie bei den Proben fest, mit welchen Gesten oder Handlungen Sie Ihr Spiel unterstreichen wollen. Nutzen Sie die Fantasie Ihrer Mitspieler und nehmen deren Ideen auf. Einmal festgelegte Handlungen sollte der Regisseur sich einprägen, damit sie bei späteren Proben nicht vergessen werden.

**10.** Genießen Sie Ihr Lampenfieber, denn es ist ganz normal und sorgt für den wichtigen Spannungsbogen zwischen Darstellern und Publikum. Seien Sie von sich und Ihrem Spiel überzeugt, sprechen Sie mit sicherer Stimme und treten Sie selbstbewusst auf, auch wenn Ihnen die Knie zittern. Sie werden merken, wie schnell sich die Aufregung beim Spielen legt.

## Vom Fröhlichsein und Feiern

Schenkt ein den guten kühlen Wein,
lasst uns denselben schlingen ein.
Schenkt ein das gute frische Bier,
dasselbe wollen schlingen wir.
*Johann Hermann Schein*

Jedes Lachen vermehrt das Glück auf Erden.
*Jonathan Swift*

Man muss die Feste feiern, wie sie fallen.
*deutsches Sprichwort*

Nichts in der Welt wirkt so ansteckend
wie Lachen und gute Laune.
*Charles Dickens*

Wer nicht mehr lacht,
der ist nur halb noch Mensch.
*Ernst Raupach*

Nicht Wünschelruten, nicht Alraune,
die beste Zauberei liegt in der guten Laune.
*Johann Wolfgang von Goethe*

# Sketche für (runde) Geburtstage

Von inniger Gattenliebe bis zu cleveren Kinderfragen – es gibt keine Altersgruppe, die an diesen Themen nicht ihren Spaß hätte. Auch die Frage des Alterungsprozesses ist, wenngleich es um Zeit geht, zeitlos. Wenn die Zeit es erlaubt, kombinieren Sie Darsteller und Sketche nach Herzenslust.

## Was wäre, wenn ...

*Dieser Text kann auch als Solovortrag verwendet werden. Er empfiehlt sich aber vor allem für Mitglieder einer Stammtischrunde oder eines Vereins, dem auch der Jubilar angehört.*

**Dauer:** ca. 4 Minuten
**Personen:** mehrere Gäste, zu der Gruppe müssen mindestens ein Mann und eine Frau gehören. Die Absätze des Textes können beliebig verteilt werden. Der Name des Geburtstagskindes sei Günter.
**Requisite:** eine volle Spirituosenflasche

**Eingangsszene:** *Während der Feier*

Sprecher: Lieber Günter! Wie in jedem Jahr sind wir auch diesmal deiner Einladung mit Freude gefolgt.
Sprecher: Wobei wir glücklich sind, dass du gerade am *(Datum)* Geburtstag hast.
Sprecher: Der 30. Mai wäre auch in Ordnung gewesen, aber die Wahrscheinlichkeit, dass ein Geburtsdatum auf einen schlechten Tag fällt, liegt bei genau 1 zu 1461.
Sprecher: Und das ist eine verdammt hohe Wahrscheinlichkeit, für einen Sechser im Lotto ist sie viel schlechter.
Sprecher: Genau, beim Lotto ist sie schlechter als 1 zu 13 Millionen. *(Wenn er Lotto spielt)* Und trotzdem spielst du.
Sprecher: Alle 1461 Tage gibt es einen 29. Februar. Nun stelle dir vor, du wärst an einem 29. Februar geboren worden wie etwa 55 000 Menschen in Deutschland und rund vier Millionen weltweit.
Sprecher: Du hättest nur alle vier Jahre Geburtstag.
Sprecher: Das wäre für dich nicht so schlimm, aber denke doch an uns?
Sprecher: Wir könnten nur alle vier Jahre auf deine Kosten saufen.
Sprecher: Auf deine Gesundheit anstoßen!
Sprecher: Aber was noch schlimmer wäre: Wenn du deinen Vierzigsten

| | |
|---|---|
| Sprecherin: | feiern würdest, wären wir schon 160 Jahre alt. Bei uns wäre das ja nicht so tragisch, wir werden mit dem Alter ja nur reifer. Aber was ist mit uns? Würdest du mit so alten Schachteln feiern wollen? |
| Sprecher: | Deinen Eltern sei Dank bist du aber an einem vernünftigen Termin zur Welt gekommen und teilst deshalb mit uns das Schicksal des schnellen Alterns. |
| Sprecher: | Nein, des schnellen Reifens, wie schon gesagt, Männer reifen. |
| Sprecher: | Andererseits wäre der 29. Februar aber auch nicht so schlecht gewesen. Wenn du nämlich nur alle vier Jahre Geburtstag hättest, wärst du nicht nur ein lieber Freund, sondern auch ein billiger. |
| Sprecher: | Zudem wäre es für uns auch viel bequemer. |
| Sprecher: | Billiger, weil wir nur alle vier Jahre Geschenke kaufen müssten. |
| Sprecher: | Und bequemer, weil du deshalb nicht schon alles hättest. Was glaubst du, was es Zeit kostet, ein Geschenk zu finden, das du noch nicht hast. |
| Sprecher: | Aber gerade diesbezüglich sind wir auf eine geniale Idee gekommen. Wir schenken dir einfach eine Flasche Schnaps. |
| Sprecher: | Solltest du schon eine haben, dann ist das nicht weiter schlimm, wir bleiben ja noch eine Weile. |
| Sprecher: | Da wir dir im nächsten Jahr wieder eine schenken wollen, müssen wir schließlich dafür sorgen, dass du dann keine mehr hast. |
| Alle: | *(Beim Überreichen der Flasche)* Alles Liebe und Gute zu deinem Geburtstag. |

## An die Gattin

**Dauer:** ca. 5 Minuten
**Personen:** der Ehemann, eine Frau
Der Name des Geburtstagskindes sei Maria.
**Requisiten:** ein Tisch, zwei Stühle, Manuskript, Büroartikel

**Eingangsszene:** *Im Büro*

Chef: *(sitzt an seinem »Schreibtisch«)* Yvonne, kommen Sie bitte mal.
Yvonne: *(erscheint)* Ja bitte?
Chef: Yvonne, ich habe da ein Problem, ich muss übermorgen eine Rede halten und …
Yvonne: Aber Chef, das tun Sie doch nicht zum ersten Mal, wo ist das Problem?
Chef: Das Problem ist, dass das Auditorium nicht aus so einfachen Leuten besteht wie Industriebossen, Gewerkschaftsfunktionären und Politikern, übermorgen wird es schwierig.
Yvonne: Mein Gott, vor wem müssen Sie denn eine Rede halten?
Chef: Vor meiner Frau. Würden Sie so freundlich sein, mir zu sagen, was Sie bei den einzelnen Passagen empfinden würden?
Yvonne: Aber gern. *(will sich auf seinen Schoß setzen)*
Chef: *(weist sie zurück)* Bitte Yvonne, Sie sind jetzt meine Gattin.
Yvonne: *(setzt sich auf den zweiten Stuhl)* Ach so, also gut, wie wollen Sie beginnen?
Chef: *(liest vom Manuskript)* Nun gut, liebe Maria, heute jährt sich der Tag deiner Geburt zum *(Alter)* Mal. Da ist es angebracht, dir ein paar Worte zu sagen.
Yvonne: Das ist schon mal gut.
Chef: Ja, aber die Anrede! Die Anrede hängt ab von der Beziehung, die man zueinander hat. Sie sagen zu mir ja auch nicht »lieber Herr Kollege«, sondern »sehr geehrter Herr Meier«. Zu Ihnen kann ich aber »liebe Frau Müller« sagen.
Yvonne: Nicht Yvonne?

| | |
|---|---|
| Chef: | Bitte Yvonne, das ist doch offiziell! |
| Yvonne: | Entschuldigung. |
| Chef: | Was ist nun meine Frau für mich? Soll ich sagen »sehr geehrte Frau Gemahlin«? |
| Yvonne: | Nee, das klingt zu devot, so von unten nach oben, so, wie der Knecht die Bäuerin anredet. |
| Chef: | Oder der Knappe die Königin. |
| Yvonne: | Dann müsste Sie einen Kochlöffel als Zepter und eine Salatschüssel als Reichsapfel in die Hand nehmen, dann wäre das Bild perfekt. |
| Chef: | Ja, aber dann würde sie mir beides zum Abwasch reichen. |
| Yvonne: | Oje, oje, ist sie Ihre Göttin? |
| Chef: | Nein, Gattin. Vielleicht sollte ich so anfangen: »liebes Weib«. Dann habe ich den Kochlöffel und die Salatschüssel, um sie ihr zu reichen. |
| Yvonne: | Ich hatte mich schon gefragt, ob Sie bereits Licht unter dem Tisch haben, aber jetzt fangen Sie ziemlich dominant an. Ihre Gäste würden vermuten, dass Sie der Herr im Hause sind. |
| Chef: | Diesen Eindruck will ich natürlich nicht erwecken. Sie soll mir ja nicht untergeben, sondern in Liebe ergeben sein. |
| Yvonne: | So wie Sie ihr? |
| Chef: | Genau. |
| Yvonne: | Chef, halten Sie übermorgen lieber keine Rede, das ist unter Liebenden gar nicht nötig. |
| Chef: | Nein? |
| Yvonne: | Nein, außerdem ist das peinlich. |
| Chef: | Peinlich? |
| Yvonne: | Natürlich, dabei käme das Alter Ihrer Gattin zur Sprache, und bei Frauen fällt das Alter unter den Datenschutz. |
| Chef: | Davon habe ich gehört. |
| Yvonne: | Sehen Sie, das ist der kleine Unterschied: Wenn man einen Mann nach seinem Alter fragt, sagt er es, wenn man eine Frau fragt, sagt sie ihr Geburtsdatum und hofft, dass ja niemand nachrechnet. |

| | |
|---|---|
| Chef: | Wirklich? |
| Yvonne: | Ich mache das immer so. Das klappt um so besser, je hübscher die Frau ist. |
| Chef: | Das verstehe ich nicht. |
| Yvonne: | Das ist doch einfach: Männer können besser gucken als rechnen, und Sie machen doch auch lieber das, was Sie besser können, oder? |
| Chef: | Stimmt. *(Ende des Rollenspiels, an die Gattin)* Liebe Maria, ich gratuliere dir ohne nachzurechnen ganz herzlich zu deinem Wiegenfeste, wünsche dir, nicht ganz uneigennützig, noch viele schöne Jahre an meiner Seite und uns allen eine ausgelassene Feier. |

## Verrückt

**Dauer:** ca. 8 Minuten
**Personen:** Horst, Yvonne
**Requisiten:** großer Karton, Herrenslip und elegante Damenbekleidung

**Eingangsszene:** *Während der Feier, es wird stehend gespielt. Eva hat Geburtstag, Adam ist ihr Gatte.*

| | |
|---|---|
| Horst: | Liebe Eva, nun, wo du heute eine weitere Null deinen bisherigen Nullen hinzufügst, ... |
| Yvonne: | Hey, Horst, welche Nullen meinst du? So weit ich weiß, hat sie nur einen Mann, und dem fügt sie auch keinen weiteren hinzu. |
| Horst: | Adam ist keine Null. |
| Yvonne: | *(provozierend)* Das weiß ich, ich wusste nur nicht, dass du das weißt. |
| Horst: | Moment, Moment, Moment, woher weißt du das? |
| Yvonne: | *(dem Gatten der Jubilarin einen liebevollen Blick zuwerfend)* |

|           | Wieso sollte ich das wohl nicht wissen, ich kenne ihn schließlich sehr gut. |
|-----------|---|
| Horst:    | Wie gut? |
| Yvonne:   | *(nüchtern)* Na ja, sooo gut nun auch wieder nicht. Was soll das nun mit den Nullen? |
| Horst:    | Es geht natürlich um die Anzahl von Jahren, die Eva ihre Vergangenheit nennt. |
| Yvonne:   | Horst, bitte, man redet nicht über das Alter einer Dame. |
| Horst:    | Es stand doch auf der Einladung, dass sie heute 40 wird. |
| Yvonne:   | Dann ist sie selber Schuld. |
| Horst:    | Dass sie 40 wird? |
| Yvonne:   | Nee, dass jeder weiß, dass sie nun in ein Lebensjahrzehnt eintritt, in dem eine Frau einen Sinneswandel bezüglich ihrer eigenen Reize durchmacht. |
| Horst:    | Bist du sicher? |
| Yvonne:   | Natürlich, schließlich bin ich selber Frau, oder? |
| Horst:    | Das ist nicht zu leugnen. |
| Yvonne:   | Siehst du, und was sagt ihr Männer, wenn wir Frauen eine gewisse Stufe der Reife überschreiten? |
| Horst:    | Höflichkeitshalber nichts. |
| Yvonne:   | Feigling! Ihr sagt: Der Lack ist ab. Und was tun wir Frauen, wenn unser Glaube an die ewige Jugend rissig wird? Wir ersetzen den Lack früherer Jahre durch den Lack, den wir auf die Nägel malen. |
| Horst:    | Ach nee, nur auf die Nägel? |
| Yvonne:   | Na ja, mit den Jahren werden auch noch weitere Korrekturen nötig. |
| Horst:    | Die ihr euch dann ins Gesicht schmiert. |
| Yvonne:   | Da können wir Frauen doch nichts dafür, dass der Herrgott uns so erschaffen hat, dass wir Falten im Gesicht kriegen und nicht am Hintern. |
| Horst:    | Apropos Hintern, liebe Eva, ... |
| Yvonne:   | Horst! Du hast dich gefälligst ausschließlich für den meinen zu interessieren! |

Horst: So groß sind die Unterschiede ja nun auch wieder nicht, und das Geschenk für Eva hast du schließlich ausgesucht.
Yvonne: Aber nicht, um deine Fantasie anzuregen, sondern die von Adam.
Horst: Das ist mir klar. Mir ist nur nicht klar, wer sich mehr über das Geschenk freuen wird, er oder sie.
Yvonne: Horst, du kennst die Psyche der Frauen nicht. Was glaubst du wohl, macht einer Frau am meisten Spaß?
Horst: Woher soll ich das wissen?
Yvonne: Sag mal, beobachtest du mich nicht? Ich bin eine Frau.
Horst: Bitte jetzt keine Intimitäten, ja!
Yvonne: Aber Horst, das meine ich doch nicht. Welche Regung entdeckst du in mir?
Horst: Meistens dieselbe wie in mir.
Yvonne: Sag mal, bist du jetzt so begriffsstutzig oder tust du nur so? Es macht mir Spaß.
Horst: Das war nicht die Frage, die Frage war, was euch Frauen am meisten Spaß macht.
Yvonne: O.k., der Kandidat hat einen halben Punkt, du hast es im Prinzip erkannt, aber nicht begriffen. Am meisten Spaß macht es, euch Männer verrückt zu machen, klar?
Horst: Aha, und nun soll Eva mit unserem Geschenk ihren Adam verrückt machen. Der wäre doch verrückt, wenn er sich verrückt machen ließe.
Yvonne: Das wird Eva schon schaffen. Schließlich ist Adam auch nur ein Mann.
Horst: Sag mal, Eva, hast du wirklich Lust dazu, Adam verrückt zu machen? Das würde ich gerne mal sehen, wie du das machst.
Yvonne: Horst, benimm dich.
Horst: Wieso denn? Ich bin ja nun wirklich alt genug, dass ich selbst entscheiden kann, was ich sehen möchte.
Yvonne: Heißt das, dass es dir nicht genügt, mich zu sehen?
Horst: Natürlich nicht.
Yvonne: Bitte?
Horst: Sehen reicht nicht.

Yvonne: Du fängst ja an, den Sinn unseres Geschenks zu verstehen.
Horst: Der war mir von Anfang an klar, aber ich halte es immer noch eher für ein Geschenk für Adam.
Yvonne: Um so besser, wenn beide ihre Freude dran haben. Horst, hol mal den Karton.
Horst: Ja. *(holt den Karton)*
Yvonne: Öffne ihn.
Horst: Ich weiß doch, was drin ist.
Yvonne: Aber Eva nicht.
Horst: Na gut, also liebe Eva, ich glaube, du hast schon mal vom Inhalt einer Überraschungstorte gehört?
Yvonne: Du weißt doch, so eine Torte mit Hohlraum, aus der dann eine leicht bekleidete junge Frau ...
Horst: Hä?
Yvonne: Für dich wäre natürlich im Zuge der Emanzipation ein leicht geschürzter Mann angebracht. Aber da du ja schon einen Mann hast ...
Horst: Und dieser für dich um so interessanter wird, je verrückter du ihn machen kannst, haben wir sowohl auf Torte als auch auf Inhalt verzichtet.
Yvonne: Stell dir bitte vor, dieser Karton wäre eine Riesentorte ... *(Yvonne entnimmt dem Karton einen Herrenslip)* ... und dieses Textil wäre attraktiv gefüllt.
Horst: Natürlich mit deinem Mann, dass das klar ist.
Yvonne: Spielverderber.
Horst: Soll ich sie anziehen?
Yvonne: Untersteh dich.
Horst: Na also. Dieser Slip ist also für Adam.
Yvonne: Und wenn er nur damit bekleidet vor dir steht, und du, liebe Eva, dies hier trägst *(entnimmt dem Karton das elegante Kleidungsstück)* und ihm sagst, dass ihr nun beide angemessen bekleidet seid, die Gäste zu deinem nächsten Geburtstag zu empfangen, ...
Horst: Verlass dich drauf, dann wird er verrückt.

## Was soll man schenken

**Dauer:** ca. 7 Minuten
**Personen:** Horst, Yvonne, Werner
**Requisiten:** keine

**Eingangsszene:** *Während der Feier, Horst und Yvonne spielen stehend, Werner befindet sich unter den Gästen. Eva hat Geburtstag, Adam ist ihr Gatte.*

Yvonne: Liebe Eva, Horst und ich haben uns einen Sketch ausgedacht, den wir nun zum Besten geben wollen. Ich bin zu Hause und warte auf meinen lieben Mann, der seit drei Stunden überfällig ist. Sicher sitzt er mit Werner in der Kneipe. Ah, ich höre ihn kommen.

Horst: *(tritt auf)* Hallo Liebling, da bin ich. Weißt du, was mir eben passiert ist?

Yvonne: Warum kommst du erst jetzt?

Horst: Das will ich dir doch gerade erklären.

Yvonne: Du hattest vor drei Stunden Feierabend.

Horst: Ich weiß, aber nun hör doch mal zu. Weißt du, was mir eben passiert ist?

Yvonne: Woher sollte ich?

Horst: Werner hat mich gefragt, was er Eva schenken soll.

Yvonne: Und das hat drei Stunden gedauert?

Horst: Die Frage natürlich nicht.

Yvonne: Schon klar. Da die Frage geklärt werden musste, verlangte sie einen erheblichen Diskussionsbedarf, der einen Kneipenbesuch erforderlich machte, der keinen Aufschub duldete.

Horst: Genau.

Yvonne: Wie viel?

Horst: Zehn.

Yvonne: Waaas? Zehn Bier?

Horst: Nee, zehn Euro durfte das Geschenk kosten.

Yvonne: Das Geschenk und euer Gequatsche interessieren mich überhaupt nicht.
Werner: Moment, Horst, ich habe ja nichts dagegen, dass du dich hier in eurem Sketch über unser Gespräch letzte Woche auslässt, aber doch nicht über den Wert des Geschenks.
Horst: Entschuldigung. Ich werde nicht alles ausplaudern, was wir geredet haben.
Yvonne: Ich will aber die volle Wahrheit wissen.
Horst: Ach, plötzlich doch?
Yvonne: Jedes Wort.
Horst: Das kann jetzt peinlich werden.
Werner: Horst, untersteh dich.
Yvonne: Los, fang an.
Horst: Ja also das war so: Werner hat »guten Tag« gesagt.
Yvonne: Macht er immer, weiter, was dann?
Horst: Dann habe ich »guten Tag« gesagt.
Yvonne: Horst! Was habt ihr in der Kneipe gesprochen?
Horst: Werner hat gesagt: »Franz, mach mir mal ein Pils.«
Yvonne: Horst, du weißt, was ich wissen will!
Horst: Ich habe gesagt: »Ich hätte gerne auch eines.«
Werner: Apropos Bier, Horst, möchtest du noch ein Bier?
Horst: Aber Werner, das hast du doch damals erst kurz nach dem Büstenhalter gefragt.
Werner: Horst, bitte lass gut sein. Ich meinte, ob du jetzt noch ein Bier möchtest?
Yvonne: O.k., ich merke schon, ihr wollt von Horsts Beichte ablenken, aber das wird euch nicht gelingen. Horst, was war mit dem BH?
Horst: Werner hat mich gefragt, ob er Eva einen Büstenhalter schenken könnte.
Yvonne: Und was hast du da gesagt?
Horst: Na ja, also, ich habe meine psychologischen Kenntnisse ausprobiert.
Yvonne: Wie?

Horst: Ich habe ihn gefragt, ob er so ganz unterschwellig, so mehr im Unterbewussten dieser Büstenhalter sein möchte.
Werner: Du etwa nicht?
Horst: Genau, das hast du mich damals gefragt.
Yvonne: Und was hast du geantwortet?
Horst: Jedenfalls nicht die Wahrheit.
Yvonne: Was hast du geantwortet?
Horst: Gar nichts. »Was würdest du denken«, habe ich ihn gefragt, »wenn Eva dir ein Feinripphemd schenken würde?«
Werner: Bei Feinripp sind wir dann auf Herrenunterwäsche gekommen. Horst hat gesagt, dass es durchaus möglich ist, dass eine Dame einem Herren ein Dreierpack Feinrippunterhosen mit Eingriff links schenken kann, dass aber ein Herr einer Dame keineswegs ein Hauch von Nichts mit ...
Horst: Werner, das ist nicht wahr, du hast gefragt, ob du vielleicht so ein Höschen kaufen solltest.
Werner: Nein, das habe ich nicht gefragt.
Horst: Stimmt, du hast gefragt, ob ich es nicht für dich kaufen könnte, weil du dich genierst.
Werner: Auch falsch, ich habe dich gefragt, ob du nicht vielleicht Yvonne bitten könntest, es für mich zu kaufen.
Yvonne: Mich?
Horst: Ja, das hat er, aber ich habe ihm dann doch lieber zu einem anderen Geschenk geraten.
Yvonne: Ich weiß doch die Größe von Eva gar nicht.
Horst: Brauchst du auch nicht, Werner ist dann eben auf Socken verfallen.
Yvonne: Aber Werner, du kannst doch einer Dame keine Socken schenken.
Horst: Das habe ich ihm damals auch gesagt.
Yvonne: Überleg doch mal, so ein Geschenk sagt doch etwas aus. Socken beleidigen eine Dame.
Werner: Na ja, beleidigen will ich Eva natürlich nicht. Ich verstehe aber auch nicht, warum Socken eine Dame beleidigen.

Yvonne: Weil sie aussagen, dass die Dame nun in ein Alter kommt, wo Wärmen wichtiger wird als Reizen.

Werner: Ach so, ja natürlich, Eva hat reizende Füße, und ich Esel wollte sie in Socken verstecken, Yvonne, du bist ein Schatz. *(Wirft ihr einen Kuss auf Distanz zu)*

Horst: Werner, ich habe dir geraten, keine Socken zu schenken.

Werner: Soll ich vielleicht sagen: »Horst, du bist ein Schatz?« *(Wirft ihm einen Kuss auf Distanz zu)*

Yvonne: Schluss mit Schmeichelei, zurück zur Beichte. Wenn ich richtig verstanden habe, dann habt ihr eine Dame im Geiste entkleidet, damit Werner sie neu einkleiden kann.

Horst: Ich habe ihm dringend vom Neueinkleiden abgeraten.

Werner: Ja, wir haben ihr dann im Geiste die alten Klamotten wieder angezogen.

Yvonne: Warum seid ihr eigentlich nicht auf so unverfängliche Geschenke wie zum Beispiel Blumen gekommen? Jede Frau liebt Blumen.

Werner: Da habe ich ja danach gefragt. Rote Rosen finde ich so schön.

Horst: Und da habe ich gesagt: »Schenke Eva rote Rosen, wenn du von Adam ein Veilchen willst.«

Yvonne: Na gut, jetzt will ich aber noch das Ergebnis eurer Konferenz erfahren.

Werner: Kannst du, liebe Yvonne, kannst du. Es war keine vernünftige Idee dabei. Ich musste mir selbst etwas einfallen lassen, von dem auch Horst nichts weiß.

Yvonne: Und was hast du dir einfallen lassen?

Werner: Frag Horst.

Horst: Du sagtest gerade, Horst weiß es nicht.

Werner: Richtig, und weil du nur Horst deiner ehelichen Inquisition unterziehen kannst, wirst auch du es nicht erfahren.

Horst: Es sein denn, du gehst mit Eva in die Kneipe und lässt es dir erzählen.

# Arterhaltung

**Dauer:** ca. 8 Minuten
**Personen:** Horst und Yvonne, eine Erzählerin
**Requisiten:** Reisetasche mit Kleidungsstücken

**Eingangsszene:** *Während der Feier. Gastgeber sind Adam und/ oder Eva, wer von beiden Geburtstag hat, spielt keine Rolle.*

| | |
|---|---|
| Erzählerin: | Liebes Geburtstagskind, weißt du eigentlich, was du mit der Einladung zu deinem Geburtstag angerichtet hast? Horst und Yvonne werden euch vorspielen, wie das war, als die Einladung ankam. Yvonne ist zu Hause, Horst kommt von der Arbeit. |
| Horst: | *(tritt auf)* Hallo Liebling, da bin ich. |
| Yvonne: | Schatz, ich habe nichts anzuziehen. |
| Horst: | Das macht doch nichts, wenn ich komme, machst du doch sowieso meistens das Gegenteil. |
| Yvonne: | Ja klar, weil es mit dir am schönsten ist, wenn du müde von der Arbeit kommst, dich erschöpft auf den Rücken legst und den Feierabend genießt. |
| Erzählerin: | Hier muss ich kurz erläutern, dass Horst und Yvonne den Johannistrieb für ihr gegenseitiges Wohlbefinden nutzen. Immer, wenn die Natur glaubt, dass ein Individuum in Lebensgefahr schwebt, aktiviert sie der Arterhaltung wegen den Fortpflanzungstrieb. Der Johannistrieb ist der junge Trieb, den ein gefällter Baum noch einmal hervorbringt. Der Begriff Johannistrieb, Johannis, nicht Johannes, das ist ein Unterschied, der Begriff wurde auf einen Trieb des männlichen Menschen übertragen. Nun war der Zustand der Erschöpfung zu der Zeit, als unsere Gene entstanden sind, lebensgefährlich und damit die Fortpflanzungsbereitschaft fördernd, weil müde Männchen leichte Beute eines Säbelzahntigers werden konnten. |
| Yvonne: | Aber heute ist mir nicht danach. |
| Horst: | Schade, heute bin ich nämlich besonders erschöpft. |

| | |
|---|---|
| Yvonne: | Erst brauche ich etwas zum Anziehen, dann sehen wir weiter. |
| Horst: | Du hast einen ganzen Schrank voller Kleider. |
| Yvonne: | Adam und *(oder)* Eva haben *(hat)* uns zum Geburtstag eingeladen, und da brauche ich was Neues zum Anziehen. |
| Horst: | Jetzt wollen wir erst mal in deinen Schrank gucken, ob da nicht vielleicht doch was Brauchbares drin ist. |
| Yvonne: | Wenn du meinst, aber die Aussicht auf Erfolg ist sehr gering. |
| Horst: | Wir werden sehen. |

*(Beide ab)*

| | |
|---|---|
| Erzählerin: | Nun ja, liebe Eva, Horst und Yvonne können natürlich jetzt nicht nach Hause gehen, um in ihren Schrank zu gucken. Du wirst nichts dagegen haben, wenn sie deinen nehmen, oder? Gut, das wird nun etwas dauern, die Kleidersuche ist zeitaufwendig, besonders in einem fremden Kleiderschrank, der ja auch viel aufregender ist. Hinzu kommt, dass der Kleiderschrank im Schlafzimmer steht, und der Johannistrieb kann überaus mächtig sein. Du siehst, liebe Eva, Yvonne durchwühlt gerade deinen Kleiderschrank oder dein Bett oder beides. *(Pause)* Es wird wohl noch etwas dauern. Vielleicht sollte ich noch mehr über die Erhaltung der Art erzählen. Also das ist so, bei Lebensgefahr erwacht der Johannistrieb. Schmerz signalisiert Lebensgefahr. Damit ist der Reiz des Masochismus erklärt. |
| Yvonne: | *(von draußen)* Ooooh, aua! |
| Erzählerin: | Vielleicht hätte ich euch das eben doch nicht erzählen sollen, jetzt habt Ihr sündige Gedanken. |
| Yvonne: | *(tritt mit vorsichtigen Schritten auf)* Oh, tut das weh. |
| Horst: | *(tritt ebenfalls auf, bringt eine Reisetasche mit)* Ich habe dir doch gesagt, dass die Schuhe zwei Nummern zu klein sind. |
| Yvonne: | Ja, aber sie sind schön. |
| Horst: | Und wer schön sein will, muss leiden. |
| Yvonne: | Ich leide gern. |

| | |
|---|---|
| Horst: | Schön zu hören, dann brauchst du ja kein neues Kleid. |
| Yvonne: | Das Leid wäre denn doch zu groß. |
| Horst: | Na hör mal, du hast hier eine ganze Tasche voll schicker Klamotten. *(zieht eine Jeans aus der Tasche)* Hier zum Beispiel, nagelneu. |
| Yvonne: | Und was soll ich dazu anziehen? *(reißt ein farblich völlig unpassendes T-Shirt aus der Tasche)* Das hier vielleicht? *(wirft das Shirt zu Boden)* Oder das? Oder das? Oder das? |
| Horst: | Okay, zu Jeans hast du nichts anzuziehen. Dann ziehst du eben einen Rock an, *(zieht einen Supermini aus der Tasche)* den hier zum Beispiel. |
| Yvonne: | Horst, bitte, wir sind bei Adam und Eva eingeladen, da kann ich doch nicht diesen Mini anziehen. |
| Horst: | Warum denn nicht? Der würde dir bestimmt stehen. |
| Yvonne: | Oh ja, das kann ich mir denken, dieser Rock würde so manchen Johannistrieb wachsen lassen. |
| Horst: | Meinst du? |
| Yvonne: | Worauf du dich verlassen kannst, bei diesem Rock würde mein Höschen doch ganz wesentlich zu meinem äußeren Erscheinungsbild beitragen. |
| Horst: | Jetzt sag aber bitte nicht, dass du ein neues Höschen brauchst. |
| Yvonne: | Nein, ich brauche ein neues Kleid. |
| Erzählerin: | Merkwürdigerweise spürt Yvonne ihre schmerzenden Füße nicht mehr. Auch das liegt an unseren Genen. Erregung dämpft das Schmerzempfinden, und welche Frau wäre wohl nicht erregt, wenn es um ein neues Kleid geht. |
| Horst: | Erst, wenn das Auto bezahlt ist. |
| Erzählerin: | Mindestens so erregt wie der Mann, wenn er an sein Auto denkt. |
| Yvonne: | Und wann ist das? |
| Horst: | Noch rechtzeitig, Liebling, du kannst dir vor der Geburtstagsfeier noch was Neues kaufen. |
| Yvonne: | Danke, Schatz. *(küsst ihn auf die Wange)* |

*(Horst und Yvonne ab)*

Erzählerin: Dieser Kuss diente nicht der Erhaltung der Art, hat also nichts mit dem Johannistrieb zu tun. Er kennzeichnet die Besitzverhältnisse. So ein Kuss bedeutet: »Ich habe meinen Willen durchgesetzt, bin dir also überlegen, folglich hast du mir zukünftig zu folgen.« Wenn es der erste Kuss dieser Art war, dann weiß der arme Mann das noch nicht, im Laufe des Lebens wird er es aber erfahren, daher der Begriff »Lebenserfahrung«. So, liebes Geburtstagskind, jetzt weißt du, was du mit der Einladung zu deinem Geburtstag angerichtet hast.
*(mit getragener Stimme)* Du hast einen Johannistrieb geknickt, einen Kleiderschrank ins Chaos geschickt, den Füßen der Frau ein Leid angetan und machtest den Mann der Frau untertan.
*(wieder mit normaler Stimme)* Vor einem Menschen, der über die Macht verfügt, das Leben seiner Freunde mit einer einfachen Einladung so hochgradig zu beeinflussen, muss man Hochachtung und Respekt haben.

Yvonne: *(tritt auf)* Da das aber alles nicht wirklich passiert ist ...

Horst: *(tritt auf)* ... du diese Macht also gar nicht hast ...

Erzählerin: ... werden wir uns weiterhin damit begnügen, dich einfach gern zu haben. *(zu Horst und Yvonne)* Wie ist das nun mit eurem Johannistrieb?

Yvonne: Du kannst uns mal gern haben.

# Der Humanist

**Dauer:** ca. 9 Minuten
**Personen:** Claudia, Herbert
**Requisiten:** ein Tisch, zwei Stühle, evtl. Manuskript

**Eingangsszene:** *Esszimmer*

Herbert: Willst du reden, oder soll ich?
Claudia: Sie wird sich mehr freuen, wenn ihr von einem Mann geschmeichelt wird. Also fang an.
Herbert: Liebe Elisabeth, danke für die Einladung.
Claudia: Mann!
Herbert: Das weiß ich.
Claudia: *(verwirrt)* Was weißt du?
Herbert: Dass ich ein Mann bin.
Claudia: Danke für die Einladung, wer sagt denn so was?
Herbert: Ich.
Claudia: Das geht so: Herzlichen Dank, auch im Namen meiner lieben Frau, für die Einladung zu deinem Wiegenfest. Gerne sind wir ihr gefolgt, um mit dir auf das neue Lebensjahr anzustoßen.
Herbert: Ich wollte noch am selben Abend fertig werden.
Claudia: Das wirst du schon, dir fällt sowieso nicht viel ein.
Herbert: Wenn du mich noch mal beleidigst, streiche ich »meine liebe Frau«.
Claudia: Untersteh dich.
Herbert: Du wirst schon sehen, dass mir genug einfällt. Pass auf: Nun, wo auch du in das Alter kommst, wo die Kerzen teurer werden als die Torte, möchte ich ein paar Worte verlieren.
Claudia: Sehr geistreich.
Herbert: Und anfangen mit einem Spruch aus Mecklenburg: »De nich old warn will, de mut sik jung ophängn.« (»*Wer nicht alt werden will, der muss sich jung aufhängen.*«)
Claudia: Das macht doch kaum einer.

| | |
|---|---|
| Herbert: | Aber man sagt es. Nun kommt die erste Schmeicheleinheit: Fast hätte ich angefangen mit »Ungebeugt durch die Last der Jahre«. Das hat aber schon mal einer gemacht, und da war zufällig die Presse anwesend, und dann stand am nächsten Tag in der Zeitung: »Ungebeugt durch die Lasterjahre«. |
| Claudia: | Lasterjahre kann ich mir bei Elisabeth nicht vorstellen. |
| Herbert: | So ähnlich will ich es ja ausdrücken. Lasterjahre kann man sich bei Elisabeth irgendwie nicht vorstellen, andererseits hat sie einen Hund als Gefährten, und der hat den Vorteil, dass er nichts ausplaudert. |
| Claudia: | Was soll denn das mit dem Hund? |
| Herbert: | Auf den Hund kommen wir noch, irgendwann kommt jeder auf den Hund. |
| Claudia: | Ich weiß nicht, ob das so gut ist. |
| Herbert: | Es geht auch anders, man kann eine Rede auch mit Glaubensfragen beginnen, etwa so: Elisabeth, ein ursprünglich hebräischer Name, bedeutet »Gott ist vollkommen« oder »mein Gott ist Vollkommenheit«. |
| Claudia: | Oh, da muss man sich natürlich den Satz weiterdenken: »Im Gegensatz zu mir selbst.« |
| Herbert: | Soll ich das sagen? |
| Claudia: | Sie wird es vertragen, wegen Luther. |
| Herbert: | Ach. |
| Claudia: | Die eigene Unvollkommenheit hat Luther in seinen Tischreden recht drastisch formuliert: »Wer im 20. Jahr nicht schön, im 30. nicht stark, im 40. nicht klug, im 50. nicht reich ist, der darf danach nicht hoffen.« |
| Herbert: | Als Lutheraner müsste ich jetzt die Hoffnung aufgeben. |
| Claudia: | Gut, sag das, und dann sagst du weiter: »Und das musst du, liebe Elisabeth, natürlich für dich selbst entscheiden.« |
| Herbert: | ... Oder du hältst es mit Victor Hugo, der sagt: »40 Jahre sind das Alter der Jugend, 50 die Jugend des Alters.« |
| Claudia: | Wenn er sagt: »Die Jugend des Alters«, dann ist es aber schon das Alter. |

| | |
|---|---|
| Herbert: | Ja, zum Glück werden aber auch berühmte Leute alt. |
| Claudia: | Und manch einem gefällt das gar nicht. Mark Twain ging das Zählen seiner Jahre gewaltig auf den Senkel, denn er fragte: »Was könnte man dem Menschen antun, der das Feiern von Geburtstagen erfunden hat?« |
| Herbert: | Aber hallo, weißt du, wie das Zitat weitergeht? |
| Claudia: | Klar! »Nur umbringen wäre zu wenig.« |
| Herbert: | Womit wir wieder beim Umbringen wären. Ob sich selbst, wie die Mecklenburger, oder andere, wie Mark Twain, sind doch nur Nuancen. |
| Claudia: | Wusstest du das eigentlich? Mark Twains Wunsch war es, 62 Jahre lang zu leben. |
| Herbert: | Unsinn, wo soll das denn stehen? |
| Claudia: | Das ist verbürgt, er hat gesagt: »Das Leben wäre unendlich viel angenehmer, wenn wir mit 80 geboren würden und langsam auf die 18 zustrebten.« Das sind 62 Jahre. |
| Herbert: | Ja gut, das hat was. Fragt sich nur: Wie lange dürften wir dann 18 bleiben? |
| Claudia: | Mal 'ne andere Frage, kennst du Rebecca West? |
| Herbert: | Nee. |
| Claudia: | Elisabeth hat, zwar unter Vertauschung der Geschlechter, einen Rat von ihr beherzigt. Ein Bankier sagte zu ihr: »Ich würde gerne heiraten. Meine Frau muss mir zuhören können, im rechten Moment zu schweigen verstehen und treu sein.« Rebecca antwortete: »Zuhören! Schweigen! Treu sein! Was wollen Sie mit einer Frau? Schaffen Sie sich einen Hund an.« |
| Herbert: | Oh, jetzt bist du auf den Hund gekommen, das wollte ich doch. |
| Claudia: | Dann sag, was ich eben gesagt habe und fahre fort: »Das haben viele berühmte Menschen auch schon getan. Graham Greene zum Beispiel. Der liebte seinen Hund.« |
| Herbert: | Ich weiß. Eines Winters, als sein Hund ins Wasser gefallen war, sprang er ihm zwischen die Eisschollen nach und rettete ihn. |
| Claudia: | Das hätten viele Leute nicht getan. |

| | |
|---|---|
| Herbert: | Genau das bemerkte ein Passant, worauf Greene antwortete: »Für viele Leute hätte ich es auch nicht getan.« |
| Claudia: | Offensichtlich schätzte er den Hund mehr als den Menschen. |
| Herbert: | Aber nun genug des Hundes, schließlich hat nicht ihr Hund Geburtstag, sondern Elisabeth, das tue ich mit einem Sprichwort: »Es ist ein Unterschied zwischen dem Schäfer und seinem Hund.« |
| Claudia: | Wie wahr, wie wahr. Der Hund altert, wir auch, den Hund stört das aber nicht, im Gegensatz zu uns, die wir um den Prozess wissen. |
| Herbert: | Golda Meir hat es so formuliert: »Das Altern ist wie der Flug durch ein Gewitter. Man kann weder die Maschine anhalten noch dem Gewitter Einhalt gebieten. Genauso wenig kann man die Zeit anhalten. Das Beste ist, man schickt sich ins Unabänderliche.« |
| Claudia: | Aber irgendwann sollte man den Rat von Konrad Adenauer annehmen: »Wenn die anderen glauben, am Ende zu sein, muss man erst anfangen.« Allerdings hat er auch gesagt: »Ein Blick in die Vergangenheit hat nur Sinn, wenn er der Zukunft dient.« |
| Herbert: | Der Blick in die Vergangenheit verleiht die Fähigkeit der Gestaltung. Und die braucht man. |
| Claudia: | Warum das denn? |
| Herbert: | Weil Alan Kay gesagt hat: »Die Zukunft kann man am besten voraussagen, indem man sie selbst gestaltet.« |
| Claudia: | Du sagtest vorhin, dass du noch am selben Abend fertig werden wolltest. |
| Herbert: | Na gut, ich schließe. Ich habe fertig. Nur noch zum Trost für uns alle ein letztes Sprichwort: »Es gibt mehr alte Weintrinker als alte Ärzte.« |
| Claudia: | Das war ja wohl nichts. Man endet natürlich mit Goethe. »Mich deucht, das Größt' bei einem Fest ist, wenn man sich's wohl schmecken lässt.« |

# Erwischt

**Dauer:** ca. 4 Minuten
**Personen:** Vater und Tochter
**Requisiten:** Tageszeitung

**Eingangsszene:** *Irgendwo in der Wohnung, Vater liest Zeitung.*

| | |
|---|---|
| Kathrinchen: | *(tritt auf)* Papa, darf ich mal was fragen? |
| Vater: | Frage ruhig, Kathrinchen. |
| Kathrinchen: | Papa, hat Oma *(Opa)* wirklich im Winter Geburtstag? |
| Vater: | Ja, sicher, das weißt du doch. |
| Kathrinchen: | Und wenn Oma *(Opa)* im Winter Geburtstag hat, dann ist sie *(er)* doch auch im Winter geboren. |
| Vater: | Ja, natürlich, warum fragst du? |
| Kathrinchen: | Ach, nur so. |
| Vater: | Man fragt doch nicht nur so, Kathrinchen. |
| Kathrinchen: | Ich schon. |
| Vater: | Kathrinchen, dich quält doch was, willst du es mir nicht sagen? |
| Kathrinchen: | Nein, Papa, wirklich, es ist alles in Ordnung. |
| Vater: | Und warum wolltest du unbedingt wissen, ob Oma *(Opa)* wirklich im Winter geboren worden ist? |
| Kathrinchen: | Ich wollte nur wissen, ob du mir auch immer die Wahrheit sagst. |
| Vater: | Natürlich sage ich dir immer die Wahrheit, warum sollte ich auch lügen? |
| Kathrinchen: | *(kriegt Tränen in die Augen)* Papa, das weiß ich doch nicht, warum du lügst. |
| Vater: | *(tröstend)* Kathrinchen, ich würde dich doch nie belügen. |
| Kathrinchen: | Doch, Papa, manchmal doch. |
| Vater: | Nein, Kathrinchen, ich belüge dich nicht. Man darf nämlich nicht lügen. |
| Kathrinchen: | Ich weiß, dass ich nicht lügen darf. |
| Vater: | Na siehst du. |

| | |
|---|---|
| Kathrinchen: | Aber du darfst doch auch nicht lügen! |
| Vater: | Natürlich nicht, das darf niemand. |
| Kathrinchen: | Und trotzdem lügst du. |
| Vater: | Kannst du mir das vielleicht mal erklären? |
| Kathrinchen: | Wenn du sagst, dass du nicht lügst, dann lügst du. |
| Vater: | Dann muss ich ja wohl schon einmal die Unwahrheit gesagt haben. Wann soll das denn wohl gewesen sein? |
| Kathrinchen: | Papa, du hast gesagt, dass Oma *(Opa)* im Winter geboren ist. |
| Vater: | Stimmt, das ist nicht gelogen. |
| Kathrinchen: | Du hast gesagt, dass die Störche im Winter in Afrika sind. |
| Vater: | Stimmt auch, das ist auch nicht gelogen. |
| Kathrinchen: | Papa, wo kommen die kleinen Kinder her? |
| Vater: | *(schweigt verlegen)* Erwischt! |

## Verfassungsgemäß

**Dauer:** ca. 7 Minuten
**Personen:** Hubert, Helmut, Susanne
**Requisiten:** Grundgesetz

**Eingangsszene:** *Während der Feier, die Darsteller sitzen unter den Gästen. Der Name des Geburtstagskindes sei Fritz. Anmerkung: Die Frau sollte sich erst bei ihrem Stichwort als Mitspielerin zu erkennen geben. Die Überraschung beim Publikum ist dann noch wirkungsvoller.*

| | |
|---|---|
| Hubert: | *(erhebt sich und wendet sich an den Jubilar)* So, lieber Fritz, jetzt bist du 70. Weißt du, was der Bundespräsident Johannes Rau an seinem 70. gemacht hat? |
| Helmut: | Woher soll Fritz das denn wissen? Gefeiert wird er haben. |
| Hubert: | Nee, nicht gleich. Zuerst ist er von seiner Wohnung in Berlin-Schmargendorf zu seinem Amtssitz Schloss Bellevue gefahren |

Helmut: Und da hat er gefeiert.
Hubert: Nee, nicht gleich. Um 10 Uhr haben ihm erst mal seine Mitarbeiter gratuliert.
Helmut: Aber dann hat er gefeiert.
Hubert: Nee, nicht gleich! Um 11 Uhr waren die Spitzen von Politik, Wirtschaft und Gesellschaft bei ihm.
Helmut: Und wann hat er gefeiert?
Hubert: Nachmittags.
Helmut: Das wurde dann aber auch Zeit. *(erhebt sich, gegen den Jubilar)* Lieber Fritz, du bist zwar nicht Bundespräsident, und deine Wohnung ist nur unbedeutend kleiner als Schloss Bellevue, aber da ja alle Menschen gleich sind, könntest du Bundespräsident sein. Warum bist du das eigentlich nicht? Wir hätten auch gerne mal im Schloss Bellevue gefeiert.
Hubert: Johannes Rau hat zu Hause in seiner Wohnung gefeiert.
Helmut: Ja? Na ja, dann ist es ja egal, ob du Bundespräsident oder Rentner bist.
Hubert: *(an den Jubilar)* Weißt du eigentlich, was so ein Bundespräsident unter anderem zu tun hat?
Helmut: So weit ich weiß, hat er für die freiheitliche, demokratische Grundordnung einzutreten und die Menschenrechte zu verteidigen.
Hubert: *(an den Jubilar)* Genau, und du lieber Fritz, musst das, weil ja alle Menschen gleich sind, natürlich auch tun. Wir üben das nun mal.
Helmut: *(an den Jubilar)* Und das ist auch ganz einfach, die Menschenrechte stehen ja im Grundgesetz. Da wollen wir doch mal nachlesen, was du zu tun hast. Artikel 1: »Die Würde des Menschen ist unantastbar.«
Hubert: Und was soll er jetzt üben? Er ist in Würde 70 geworden, den Artikel kann er doch schon.
Helmut: Na gut, und was ist mit Artikel 2? »Jeder hat das Recht auf die freie Entfaltung seiner Persönlichkeit.« *(an den Jubilar)* Jetzt müsstest du dafür sorgen, dass wir uns alle entfalten können.

| | |
|---|---|
| Hubert: | *(an den Jubilar)* Genau, du solltest jetzt etwas gegen die Falten tun. Erhöhte Flüssigkeitsaufnahme glättet die Haut. Also? |
| Helmut: | Den Artikel hat er auch ausgezeichnet befolgt, Getränke sind genug da. Also weiter. Immer noch Artikel 2: »Jeder hat das Recht auf Leben und körperliche Unversehrtheit.« |
| Hubert: | Den lassen wir weg, sonst müsste er uns als Fürsorgemaßnahme den Alkohol entziehen. |
| Helmut: | Unsinn, lies doch bei Wilhelm Busch nach: »Rotwein ist für alte Knaben eine von den besten Gaben.« Aufgrund von Artikel 2 hat er uns Männer mit Rotwein zu versorgen. |
| Hubert: | Das Grundgesetz wird mir immer sympathischer. |
| Helmut: | *(erhebt sich)* Halt, halt, halt, so geht das nicht. Artikel 3 sagt: »Alle Menschen sind vor dem Gesetz gleich.« |
| Hubert: | Ja und? |
| Helmut: | Es geht weiter: »Männer und Frauen sind gleichberechtigt.« |
| Hubert: | Ach so, ihr wollt auch was vom Rotwein abhaben. |
| Helmut: | Genau! *(an den Jubilar)* Mal davon abgesehen, dass Wilhelm Busch sich mit diesem Satz nicht auf dem Boden der Menschenrechte bewegt, will ich doch hoffen, lieber Fritz, dass dein Rotweinvorrat reicht. |
| Hubert: | *(an den Jubilar)* Wie willst du eigentlich dafür sorgen, dass wir heute Nacht alle unbeschadet nach Hause kommen? |
| Helmut: | Muss er das? |
| Hubert: | Natürlich, das steht doch im Grundgesetz. Du hast es doch gerade vorgelesen: Jeder hat das Recht auf Leben und körperliche Unversehrtheit. |
| Helmut: | Ja gut, aber da kann doch das Geburtstagskind nichts dafür, wenn einige Gäste zu Fuß nach Hause gehen können und andere weiter weg wohnen. |
| Hubert: | Na und? In Artikel 3 steht: »Niemand darf wegen seines Geschlechtes, seiner Abstammung, seiner Rasse, seiner Sprache, seiner Heimat und so weiter benachteiligt oder bevorzugt werden.« |
| Helmut: | Mit anderen Worten: Jeder darf trinken, so viel er will, nie- |

mand darf mehr mit dem Auto fahren, und wer seine Heimat weiter weg hat, darf nicht benachteiligt werden.

Hubert: Ich glaube, die Kosten für die Taxis können wir ihm denn doch nicht zumuten.

Helmut: Das steht aber im Grundgesetz.

Hubert: Ich glaube es aber trotzdem, und das darf ich nach Artikel 4 auch. Da steht nämlich: »Die Freiheit des Glaubens ist unverletzlich.«

Helmut: Ich glaube an den Geist in der Flasche. Er möge in mich kommen.

Hubert: Ich trete deinem Glauben bei.

Helmut: Und keiner kann es uns verwehren, denn die ungestörte Religionsausübung wird gewährleistet. Artikel 4.

Hubert: Jetzt haben wir aber ein Problem: In Artikel 14 steht: »Das Eigentum und das Erbrecht werden gewährleistet.« Die Speisen und Getränke gehören nicht uns, sondern Fritz, und der Erbschaftsfall tritt hoffentlich noch lange nicht ein.

Susanne: Lies mal den nächsten Satz vor.

Hubert: »Eigentum verpflichtet. Sein Gebrauch soll zugleich dem Wohle der Allgemeinheit dienen.«

Helmut: Ehrlich? Das klingt ja nun sehr gut.

Susanne: Ist es auch.

Hubert: Moment, das war noch nicht alles. »Die Entschädigung ist unter gerechter Abwägung der Interessen der Allgemeinheit und der Beteiligten zu bestimmen.«

Susanne: Ja, aber das ist doch selbstverständlich. *(an den Jubilar)* Lieber Fritz, nimm diese unsere Geschenke als kleine Entschädigung deiner vom Grundgesetz genau vorgeschriebenen großzügigen Gastfreundschaft.

Alle: Herzlichen Glückwunsch.

# Sketche für Polterabende

Hier wird es richtig lustig. Verliebte Männer, peinliche Verwechslungen, Klatsch und Tratsch – es gibt nichts, was es nicht gibt. Und alles lässt sich auf die Bühne zaubern. Das ist die Gelegenheit! Man kann sich kein besseres Publikum als eine fröhlich feiernde Festgesellschaft wünschen, die Pannen und Hänger mit einem wohlwollenden Schmunzeln »bestraft«.

## Ein Hauch von Hollywood

**Dauer:** ca. 6–8 Minuten
**Personen:** Johnny, Hollywoodregisseur mit Hawaiihemd, kurzen Hosen, Sonnenbrille, Schirmmütze oder Sonnenhut, Kaugummi kauend und eine Flasche Coca Cola in der einen, einen Klapphocker in der anderen Hand, spricht evtl. mit amerikanischem Akzent.
Diverse Statisten: das zukünftige Brautpaar, die Schwiegermutter in spe und weitere 8–10 Freiwillige
**Requisiten:** ein Halsband mit Leine, Würfelzucker, ein Klapphocker

**Eingangsszene:** *Johnny tritt vor das Publikum, nimmt seelenruhig einen Schluck Coke und wartet, bis Stille eintritt.*

Johnny: Guten Abend, meine Damen und Herren, ich habe heute den langen Weg aus Hollywood auf mich genommen, um Ihnen in einer Weltpremiere meine drei neuesten brandheißen Movies – oder wie sagt man hier bei Ihnen: Filme – vorzustellen. Sie werden sie bestimmt noch nicht kennen, davon gehe ich einmal aus. Sie sind ja hier in good old Germany nicht auf der Höhe der Zeit. Leider sind die Filmrollen beim Zoll hängen geblieben, aber ich werde mein Bestes geben, Sie trotzdem nicht zu enttäuschen. Allerdings brauche ich Ihre freundliche Mithilfe. Ich sehe gerade, wir haben nicht einmal einen Vorhang. Das geht bei einer Premiere natürlich nicht. Wenn ich sechs Freiwillige auf die Bühne bitten dürfte!

*(Freiwillige melden sich und betreten die Bühne.)*

Johnny: Also, das müssen wir erst einmal proben! Stellen Sie sich mal in einer Reihe auf, und wenn ich sage »Vorhang auf!«, dann laufen Sie auseinander. *(ruft)* Vorhang auf! *(Der Vorhang bewegt sich auseinander)* Vorhang zu! *(Der Vorhang schließt sich)* Ganz hervorragend. Das probieren wir gleich noch einmal, und diesmal vielleicht etwas langsamer.

*(nimmt seinen Klapphocker, setzt sich an die Seite und lässt das Ganze wiederholen, steht wieder auf.)*

Das können wir so lassen.

Kommen wir jetzt zu unserem ersten Film. Ein kleiner Kurzfilm zum Warmwerden. Dafür brauche ich wieder zwei Freiwillige. Ja bitte, der etwas fülligere Herr da hinten und die Dame dort in der ersten Reihe! Wenn Sie bitte auf die Bühne kommen würden! *(Die Brautmutter und der Freiwillige kommen nach vorn und bekommen eine kleine Einweisung. Sie legt ihm das Halsband an, er begibt sich auf alle Viere, und sie zieht ihn hinter sich her)* Ja, genau so muss das aussehen. Und jetzt das Ganze noch einmal. Vorhang bitte aufstellen! Vorhang auf! *(Vorhang geht auf)* Und Action! *(Brautmutter läuft mit Mann »im Schlepptau« über die Bühne und zurück)* Vorhang zu! *(Vorhang schließt sich wieder)* Meine Damen und Herren, der Titel meines ersten Filmes lautet: »Das Krokodil und sein Nilpferd«. Einen kräftigen Applaus für unsere Schauspieler! Ich werde Sie für meinen nächsten Film schon einmal vormerken.

Kommen wir nun zum zweiten Film. Der zukünftige Bräutigam bitte zu mir und noch eine Dame dazu. *(Bräutigam in spe und eine weitere Freiwillige werden eingewiesen. Er hüpft wie ein Affe auf der Bühne herum, sie bückt sich und lockt ihn mit einem Stück Würfelzucker in der Hand zu sich. Sie verfüttert ihm den Zucker aus der offenen Hand. Alles wird wie beim ersten Mal mit Vorhang wiederholt.)* Das, meine Damen und Herren, war der zweite Film: »Gib dem Affen Zucker!« Vielleicht haben Sie es ja geahnt.

Und nun zu meinem letzten Film für heute, die Zeit drängt, ich muss wieder zurück nach Amerika, das Flugzeug wartet schon. Ganz schnell bitte die Braut to be. Und wie wäre es mit dem Herrn da drüben? *(Braut und der letzte Freiwillige kommen vor und werden kurz eingewiesen. Die Braut soll im Galopp über die Bühne laufen und dabei mit der Zunge schnalzen, der Herr läuft hinterher und fängt sie ein. Mit ein paar Worten bringt er sie zur Ruhe. Wie schon zuvor eine Probe und eine Aufführung mit Vorhang)* Meine Damen, meine Herren, »Der Pferdeflüsterer«! Ich hoffe, meine Vorführung hat Ihnen gefallen und Sie sehen sich auch meinen nächsten Film an. Jetzt muss ich aber wirklich weg. Ich wünsche Ihnen noch einen schönen Abend. *(verbeugt sich und macht sich hastig auf den Weg)*

Anmerkung: *Dem Starregisseur steht es selbstverständlich zu, hier und da zu kritisieren, mit nützlichen Kommentaren helfend einzugreifen oder gar selbst vorzumachen, wie es richtig geht. Der Lacherfolg ist garantiert.*

Wichtig: *Die Freiwilligen sollten schon vor der Aufführung angeworben werden, weil es beinahe nichts Schlimmeres gibt als ganz allein auf der Bühne zu stehen und keine Mitspieler zu finden. Sollten sich dann noch zusätzliche Interessenten melden, lassen die sich auch noch mit einbauen, etwa als Vorhang oder als zweite Besetzung. Auch Braut, Bräutigam und Schwiegermutter sollten vorher zumindest kurz informiert werden, dass sie als Mitwirkende benötigt werden, damit es nicht zu unerwünschten Verzögerungen kommt.*

## Antrag mit Bedingung

**Dauer:** ca. 3 Minuten
**Personen:** Luigi, südländischer Typ, ca. 30, spricht mit italienischem Akzent, gegeltes Haar, Sonnenbrille; Karla, seine Freundin, Mitte zwanzig
**Requisite:** Verlobungsring

**Eingangsszene:** *Beide betreten die Bühne, er zupft nervös an seinem Sakko, sie frisiert sich und wirkt unbeteiligt.*

Luigi: *(leidenschaftlich)* Oh cara mia, du bist – ey, wirklich eine Wucht. Die ganze Tag – ey, möchte – ey, ich – ey, fare l'amore mit dir.

Karla: *(lässig)* Na das wäre wirklich mal eine tolle Überraschung!

Luigi: Oh amore, ich werde verruckt – ey! Uberraschung klingt – ey gut – ey, aber du kennst noch nicht deine Luigi.

Karla: Einen ganzen Tag lang! Da werde ich dich schon kennen lernen!

Luigi: *(die Hände vor der Brust faltend mit Blick nach oben)* Oh Mama mia! Du machst – ey – mich so glucklich! Hat – ey – dir also gefallen? War ich gut – ey?

Karla: *(lachend)* Na jedenfalls kann ich mich nicht beklagen!

Luigi: *(zieht den Ring aus der Tasche, nimmt ihre Hand und steckt ihn ihr an den Finger)* Oh Karla! Ich möcht – ey – dich – ey – heiraten! Sag – ey – mir nur noch eins! War – ey – es wirklich das erste Mal für dich?

Karla: *(seufzt)* Ach Luigi! Natürlich war es das erste Mal für mich. *(gibt ihm einen Kuss, dann zum Publikum)* Ich möchte nur wissen, warum immer alle Männer die gleiche Frage stellen.

## Der Geizkragen

**Dauer:** ca. 3–4 Minuten
**Personen:** Claudia, Mitte 20; Matthias, ihr Verlobter, Anfang dreißig
**Mobiliar:** Tisch mit weißer Tischdecke, zwei Stühle
**Requisiten:** Kerze, Blumenvase mit Blumen, Verlobungsring an Claudias linker Hand

**Eingangsszene:** *Claudia und Matthias sitzen im italienischen Restaurant am festlich gedeckten Tisch mit Kerze und Blumen. Das Essen ist beendet.*

Claudia: Was meinst du, Liebster, wo wir dieses Jahr im Urlaub hinfahren sollen? *(schwärmt)* Ich hätte nicht schlecht Lust, in die Karibik zu fliegen. Sonne, Sand, Meer, immer warm. Einfach mal richtig ausspannen und den Alltag hier vergessen. Wir wohnen im Hotel, gehen jeden Abend zum Essen und brauchen uns um nichts weiter zu kümmern. Ein Traum! Außerdem wollte ich schon immer mal einen Tauchkurs machen. Was hältst du davon?

Matthias: Um ehrlich zu sein: Überhaupt nichts, Claudia. Schöne Flecken gibt es auch woanders. Da muss man nicht so weit weg. Vom Fliegen bin ich gar nicht begeistert. Und ich bin auch der Meinung, das ist nur rausgeschmissenes Geld. Wir können wie jedes Jahr mit unserem Zelt nach Italien fahren. Da ist das Wetter auch schön. Es geht doch nichts über einen gepflegten Campingurlaub. Da weiß man, was man hat, und böse Überraschungen gibt es auch nicht. Und wenn du willst, nehmen wir wieder unsere Taucherbrillen mit und gehen schnorcheln. Klingt doch gut, oder nicht?

Claudia: Wenn es unbedingt sein muss, dann fahren wir eben nach Italien. Das mit der Flugangst kann ich sogar verstehen. Aber dann kaufen wir uns wenigstens ein neues Auto, in dem wir

|              | Platz haben. Unsere alte Schrottkarre macht's nicht mehr lange, und dann bleiben wir unterwegs liegen wie letztes Jahr. Es ist auch furchtbar unbequem, sich zwischen das ganze Gepäck zu quetschen. Da fühlt man sich wie eine Zitrone. |
|---|---|
| Matthias: | So schnell gibt der Wagen den Geist bestimmt nicht auf. Der hält mindestens noch zehn Jahre durch, wenn man nur sorgfältig damit umgeht. Aber wenn es dich beruhigt, lass ich ihn vorher noch mal von Dieter durchsehen. Der kennt sich aus, und er macht es sogar umsonst. Kein Grund zur Panik also. |
| Claudia: | Da komme ich wohl nicht weiter. Lass uns von was anderem reden, sonst rege ich mich gleich furchtbar auf. Wie wäre es jetzt noch mit einem Nachtisch? |
| Matthias: | Lieber nicht! Hinterher ist es mir wieder schlecht, und du solltest auch etwas an deine Figur denken. Lass uns lieber nach Hause gehen und ein wenig fernsehen. Heute läuft doch der neue Schwarzenegger-Film. *(hält kurz inne)* Aber vorher müssen wir noch zahlen. Würdest du das heute ausnahmsweise übernehmen, Liebling? |
| Claudia: | *(wütend, zieht sich den Verlobungsring vom Finger und wirft ihn auf den Tisch)* Jetzt reicht es mir ein für alle Mal. Du bist so geizig, da fehlen mir die Worte, und dann soll ich auch noch das Essen für dich bezahlen. Diese Rechnung hast du ohne den Wirt gemacht. Ich habe etwas Besseres verdient. Deinen Verlobungsring kannst du dir sonst wohin stecken. Mit dir bin ich fertig! |
| Matthias: | *(ungerührt)* Dann gib mir aber auch das Etui zurück. |

# Immer diese Männer!

**Dauer:** ca. 3 Minuten
**Personen:** Brigitte und Petra, zwei Freundinnen
**Mobiliar:** zwei Stühle
**Requisiten:** zwei Zeitschriften, zwei Handtücher

**Eingangsszene:** *Petra und Brigitte im Frisiersalon, Handtücher um den Kopf, blättern in Zeitschriften.*

| | |
|---|---|
| Brigitte: | *(ereifert sich)* Hast du schon das Neueste gehört? |
| Petra: | Nein. Erzähl! |
| Brigitte: | Du kennst doch die Heidi? |
| Petra: | Die aus dem Aerobic-Kurs? |
| Brigitte: | Nein, das ist doch 'ne blöde Kuh! Du weißt schon, Heidi, die Nachbarin von der Vroni. |
| Petra: | Die mit dem süßen Anwalt? |
| Brigitte: | Ja, genau die! |
| Petra: | Und was ist mit der? |
| Brigitte: | Die soll ja durchgebrannt sein mit ihrem Tennislehrer. In die Karibik. Jeden Tag Sonne und Tennisstunden gratis. *(kichert)* |
| Petra: | Doch nicht mit dem Manni? |
| Brigitte: | Ja doch, wenn ich's dir sage! |
| Petra: | Also, der hat's ja faustdick hinter den Ohren. |
| Brigitte: | Wieso denn? |
| Petra: | Na; der ist doch verheiratet. Mit einer Schauspielerin, soweit ich weiß. |
| Brigitte: | Dauernd auf Tournee, diese Schauspieler. Und treiben es ganz schön bunt. Man hört ja so einiges. |
| Petra: | Und eine Tochter in der Schweiz. Eliteinternat! Höhere Töchterschule! |
| Brigitte: | *(mitleidig)* Das arme Kind! |
| Petra: | Du sagst es! Kein anständiges Familienleben. Und etwas seltsame Neigungen soll sie ja auch haben. |

| | |
|---|---|
| Brigitte: | Wie meinst du das? |
| Petra: | Na hör mal, nur Mädchen um sich herum und ausschließlich Erzieherinnen! Da kann man sich seinen Teil denken. |
| Brigitte: | *(empört)* Du willst doch wohl nicht sagen …? |
| Petra: | Du sagst es! |
| Brigitte: | Ist ja unglaublich! *(bleibt beim Blättern auf einer Seite hängen)* Ach! Das ist ja interessant! *(liest vor)* »Frau erschießt Ehemann, weil sie ihn beim Durchwühlen ihrer Handtasche erwischt.« |
| Petra: | Also das ist ja unerhört! Da fehlen mir die Worte! Das ist wirklich das Letzte! |
| Brigitte: | Ja meine Liebe, da muss ich dir zustimmen! Dass Männer ihre Nase immer in die intimsten Dinge stecken müssen, die sie wirklich nichts angehen! |

## Der Heirats-Kandidat

**Dauer:** ca. 10 Minuten
**Personen:** Vater, ca. 50; Tochter, ca. 30; Kandidat, zwischen 40 und 60. Der Kandidat soll langsam sprechen, damit das Publikum »mitdenken« kann.
**Mobiliar:** zwei Stühle
**Requisiten:** eine Handtasche

**Eingangsszene:** *Vater und Tochter sitzen sich gegenüber.*

| | |
|---|---|
| Vater: | *(nervös auf die Uhr blickend)* Wo er nur bleibt? |
| Tochter: | Wer? |
| Vater: | Na, hör mal! Der Kandidat, der sich auf deine Heiratsanzeige hin gemeldet hat. |
| Tochter: | Meine Hochzeitsanzeige? Vater, die hast DU für mich aufgegeben. Also, wenn's nach mir ginge, hätte das noch etwas Zeit … |

Vater: Papperlapapp! Du gehst jetzt auf die Dreißig zu, und es wird Zeit, dass du unter die Haube kommst. Was der Herr da in seinem Brief schreibt, klingt ganz vernünftig.
Tochter: Dabei will ich doch nur meine Ruhe haben! Ich fühle mich ganz wohl ohne Mann ...
Vater: Sollst du ja, sollst du ja, meine liebste Annabella! *(zum Publikum gewandt, leiser)* Ich hoffe, ICH habe endlich meine Ruhe, wenn sie mal aus dem Haus ist. *(wieder lauter)* Aber anschauen kannst du ihn ja wenigstens. *(zögernd)* Ich meine: Trotzdem ...
Tochter: *(hellhörig)* Trotzdem? Trotz wessen??? Vater, da stimmt was nicht. Mit diesem Typ ist irgendwas los. Gestehe, du weißt etwas.
Vater: *(abwehrend)* Nein, nein, mit dem ist gar nichts los.
Tochter: Das fängt ja schon gut an.
Vater: Nein, so meine ich das nicht, Annabella. Ich meine, ich hab mich ein wenig erkundigt. Und der Herr hat, sagen wir, hat eine kleine Besonderheit.
Tochter: Und die wäre?
Vater: *(zögernd, dann peinlich berührt)* Er kann nicht »A« sagen?
Tochter: Wie bitte? Ja, was sagt er denn, wenn er »A« sagen muss?
Vater: U.
Tochter: U?
Vater: Ja, U. Er sagt U statt A.
Tochter: *(schlägt die Hände zusammen)* Na, das kann ja heiter werden. Wie heißt er eigentlich?
Vater: Schulz.
Tochter: *(ironisch)* Du meinst bestimmt Schalz ... *(es klopft)*
Vater: *(aufgeregt zischelnd)* Da kommt er schon. Benimm dich! *(lauter)* Herein!
Schulz: Guten Tug!
Vater: *(ausgesprochen süßlich)* Guten Tag, lieber Herr Schulz! Bitte treten Sie ein. Darf ich vorstellen: meine Tochter Annabella.
Schulz: *(verbeugt sich, deutet Handkuss an)* Ungenehm!

| | |
|---|---|
| Vater: | *(verlegen)* Tja, ich lasse Sie jetzt mal ein wenig allein und lese in der Küche die Zeitung … |
| Tochter: | *(sarkastisch)* Ja, ja, lass mich nur allein … |
| Schulz: | Dus mucht doch nichts … *(Vater verlässt das Zimmer, bzw. zieht sich in den Hintergrund des Raumes zurück)* |
| Tochter: | *(versöhnlich)* Na, wenn Sie schon da sind, Herr Schalz, äh, Herr Schulz, dann nehmen Sie doch Platz. Darf ich Ihnen einen Kaffee oder ein Glas Wasser anbieten? |
| Schulz: | Kuffee ist schlecht fürs Herz, uber uin Glus Wusser nehme ich gern … *(Schulz setzt sich und springt gleich wieder auf)* Uuuuuuuuuuh! |
| Tochter: | Haben Sie sich wehgetan? |
| Schulz: | *(hält sich das Hinterteil)* Uin Nugel! Ich hube mich uff uinen Nugel gesetzt! Huben Sie Hummer und Zunge? |
| Tochter: | Ein paar belegte Brötchen kann ich Ihnen gern machen. Aber ich glaube, wir haben nur noch Käse im Haus. Hummer gibts bei uns eigentlich nur selten … |
| Schulz: | *(deutet auf den Stuhl und zeigt, dass er gern einen Nagel entfernen würde)* Nuin!!! Ich muine Hummer und Zunge! |
| Tochter: | *(begreift endlich)* Ach so! Hammer und Zange! |
| Schulz: | Genuu! |
| Tochter: | Hmm, vielleicht nehmen Sie vorläufig einen anderen Stuhl. |
| Schulz: | Dunke. |
| Tochter: | Ich muss mal schnäuzen. Wo hab ich denn meine Handtasche? |
| Schulz: | Du! |
| Tochter: | Du?? *(droht ihm kokett mit dem Zeigefinger)* Na, Sie sind aber ein Flotter! Aber meinetwegen: Ich heiße Annabella. |
| Schulz: | Unnubellu, wus für ein schöner Nume! Uber ich wullte Ihnen, ich wullte – dir – nicht zu nuhe treten: Ich wullte dir nur duine Tusche zeigen. Du, über der Stuhllehne. Ju. Ich huisse Udum. |
| Tochter: | *(peinlich berührt, lacht verlegen)* U dumm? Äh, ach, Adam! Jetzt verstehe ich. Ich muss mich erst ein wenig in Sie, in dich – sagen wir – hineindenken. *(kurze Gesprächspause)* Sag, leben deine Eltern noch? |

Schulz: Nuin, Puppu und Mummu sind schon lunge tot. Ich hube nur noch uine Putentunte.

Tochter: Eine was??? Ach so – eine Patentante! Du meine Güte, ist das kompliziert mit dir!

Schulz: Glub mir, wenn du mich erst mul kunnst, gewöhnst du dich schnell un mich.

Tochter: *(wechselt das Thema)* Sag mal, was machst du denn beruflich?

Schulz: Ich bin Bussist.

Tochter: Bussist? Du meinst Busfahrer? Wie interessant …

Schulz: Nuin, nuin, ich spiele in uiner Kupelle den Buss.

Tochter: *(völlig verwirrt)* Du verkuppelst Busse?

Schulz: *(tut, als ob er Bass spielen würde)* Nuin: Ich muche Musik. Ich spiele Kontrubuss!

Tochter: Ach jetzt kapiere ich: Kontrabass! Da kommt man aber ganz schön rum in der Welt. Wo warst du denn schon überall?

Schulz: Oh ju, wir muchen viele Tourneen mit dem Orchester. Itulien, Spunien, Frunkruich, Griechenlund, Ufriku, Umeriku und und und. Ich wur schun uff den Kunuren, in Muduguskur. *(kurze Pause. Er mustert Annabella auffällig von oben bis unten)* Du bist sehr schön ungezogen.

Tochter: Also, Adam, ich muss doch bitten. Ich wüsste nicht, dass ich mich irgendwie, äh, falsch benommen hätte.

Schulz: Ich meine: Du hust uin sehr hübsches Kluid un.

Tochter: Ach, jetzt begreife ich. Das ist aber auch zu komisch mit dir. Aber danke für das Kompliment.

Schulz: *(verlegen)* Ich würde dir jetzt gern uinen Schmutz geben.

Tochter: Spinnst du? Was will ich denn mit Schmutz?

Schulz: Nuin, nuin, ich muine, uinen Kuss uff die Bucke.

*(Sie zögert, er geht vor ihr auf die Knie. In diesem Moment erscheint der Vater wieder)*

Schulz: *(erhebt sich schnell)* Durf ich … durf ich um die Hund Ihrer Tuchter unhultun?

| | |
|---|---|
| Vater: | *(verständnislos)* Was wollen Sie??? Wir haben doch gar keinen Hund! |
| Tochter: | *(lacht)* Er meint, er will meine Hand? |
| Vater: | Hmmm, das geht aber schnell. *(zum Publikum)* Schneller, als ich dachte, aber umso besser. *(wieder laut)* Na, lieber Herr, Schulz, das freut mich aber. Also, ich habe nichts dagegen. |
| Schulz: | *(erfreut)* Oh, dus ist sehr schön. Und du, Unnubellu? |
| Tochter: | Na ja, langweilig wird's mit dir vermutlich nicht werden. Da gibt's irgendwie immer was zu raten. *(mustert ihn wohlwollend)* Na ja, sonst scheinst du ja, äh, ganz normal zu sein. Na denn: Also gut! *(die beiden umarmen sich)* |
| Schulz: | Wunderbur, nu dunn: Nicht lung gefuckelt. Schwiegervuter, wie wärs mit uinem Schnups? |
| Vater: | Na denn: Prost! *(hebt auffordernd sein Glas zum Publikum)* |

## Wer's glaubt ...

**Dauer:** ca. 3–4 Minuten
**Personen:** Sven und Simone, beide Mitte 20, verlobt und sportlich gekleidet; Herr Nimmersatt, Ende 30 und im Bademantel
**Requisiten:** Golfschläger, Golfball, Tonscherben
**Ton:** Geräusch einer klirrenden Scheibe, Türklingel

**Eingangsszene:** *Sven und Simone beim Golf. Er schwingt den Schläger, kurz darauf Geräusch einer klirrenden Scheibe. Sven und Simone gehen ab. Herr Nimmersatt kommt von der anderen Seite, in einer Hand einen Golfball, in der anderen Hand ein Paar Tonscherben. Es klingelt an seiner Tür, er öffnet, und Sven und Simone treten ein.*

| | |
|---|---|
| Sven: | *(in der Hand den Golfschläger)* Entschuldigen Sie bitte vielmals, es ist mir unendlich peinlich, aber mein Abschlag ist |

| | |
|---|---|
| | mir wohl etwas zu gut gelungen. Für den Schaden werde ich selbstverständlich aufkommen. Sind Sie der Herr des Hauses? |
| Herr Nimmersatt: | O gütigster Herr, ich bin keineswegs der Herr des Hauses, und für das, was du für mich getan hast, bin ich dir auf ewig verbunden. Ich bin ein alter Flaschengeist, und durch dein Geschick hast du mich aus meinem Gefängnis befreit. Zur Belohnung hast du drei Wünsche frei. Aber sag mir doch, wer du bist, und vor allem: Wer ist deine entzückende Begleiterin? |
| Sven: | Also sowas! Glück muss der Mensch haben. Mein Name ist Sven, und dies hier ist meine Verlobte Simone. |
| Simone: | Freut mich, Sie kennen zu lernen! |
| Herr Nimmersatt: | *(mit einer leichten Verbeugung)* Ganz meinerseits! *(zu Sven)* Nun, hast du dir schon etwas überlegt? |
| Sven: | Also mein erster Wunsch liegt auf der Hand. Ich will der reichste Mann der Welt werden, damit ich mir und meiner Liebsten alles kaufen kann, was das Herz begehrt. |
| Herr Nimmersatt: | So sei es denn. Morgen früh, wenn du erwachst, wird dein Wunsch erfüllt sein. Und was darf es sonst noch sein? |
| Sven: | Als Nächstes wünsche ich mir ewige Jugend für mich und meinen Schatz. |
| Herr Nimmersatt: | Auch dieser Wunsch sei dir gewährt. Morgen früh, wenn ihr erwacht, beginnt für euch ein neues Leben? Und nun dein letzter Wunsch! |
| Sven: | Als Letztes wünsche ich mir, dass mich nie etwas von meiner Simone trennen kann. Ich will auf ewig mit ihr verbunden sein. |
| Herr Nimmersatt: | So hast du denn gesprochen, und auch dieser Wunsch wird wahr. Warte nur, bis du morgen früh erwachst. Aber gestatte mir, dass auch ich einen Wunsch äußere. |
| Sven: | *(großzügig)* Einen kleinen Wunsch werde ich dir wohl kaum abschlagen können. |
| Herr Nimmersatt: | Seit über tausend Jahren war ich eingesperrt und habe nichts von der Welt gesehen, geschweige denn schöne Frauen. Und nun juckt es mich an allen Enden. Wenn du mir nur eine einzi- |

| | |
|---|---|
| | ge Nacht mit deiner bezaubernden Freundin zugestehen könntest, würde ich dir das nie vergessen. |
| Sven: | *(entsetzt)* Aber! Was? Wieso denn? Ich weiß nicht so recht. Vielleicht. Was meinst du, mein Schatz? |
| Simone: | *(leicht sauer)* Das ist deine Entscheidung! |
| Sven: | Eine einzige Nacht? Das kann nicht viel ausmachen. Und außerdem ist es ja ein Geist. Da ist es nicht so schlimm. Vielleicht sollten wir ihm diesen Gefallen tun. |
| Simone: | Wenn du meinst, dann habe ich auch nichts dagegen. |
| Sven: | *(geht ab)* |
| Herr Nimmersatt: | *(grinst)* Sagen Sie mal, hat Ihr Verlobter einen Schatten oder ist er wirklich so naiv? Glaubt doch allen Ernstes noch an Gespenster. Seien Sie froh, dass Sie das noch rechtzeitig erfahren haben! *(küsst Simone, die sich das – nach kurzem Nachdenken – gefallen lässt)* |

## Männerkenner 7.0

**Sketchdauer:** ca. 4–5 Minuten
**Personen:** Verena Wunder, Erfinderin im weißen Doktorkittel, die Haare kurz oder in einem Pferdeschwanz zusammen gebunden, Stift hinter dem Ohr, Brille; Männerkenner 7.0, gesprochen sieben Punkt null, ein Androide in Form einer Frau mit aufreizendem Kleid und Roboter-Stakkato-Sprache und -Bewegungen; Heidi Hektisch, Messeverkäuferin in Business-Anzug und Krawatte, mit Zeigestock; Willi Wichtig, der fragende Messebesucher; Anke Engel, eine weitere Fragerin; ein Promotiongirl mit Sweatshirt und Baseballkappe mit der Aufschrift »MÄNNERKENNER 7.0«; fünf bis sieben Statisten als weitere Messebesucher
**Mobiliar:** ein Tisch mit Prospekten
**Requisiten:** Zeigestock, Umhängetasche, Mikrophon

**Eingangsszene:** *Vera Wunder und Heidi Hektisch stehen hinter dem Messetisch, in eine Unterhaltung vertieft, Männerkenner regungslos daneben. Willi Wichtig, Anke Engel und die Statisten laufen auf der Bühne durcheinander, das Promotiongirl verteilt Prospekte, Heidi Hektisch nimmt das Mikrophon und beginnt im Stil einer Marktschreierin.*

Heidi Hektisch: Eine Riesensensation, eine Riesensensation! Meine Damen und Herren, wenn ich kurz um Ihre Aufmerksamkeit bitten dürfte! *(Messebesucher versammeln sich langsam im Halbkreis um den Stand)* Unserer Firma »Frauenglück« ist im letzten Monat der ultimative Durchbruch auf dem Gebiet der geheimnisvollen Männerentschlüsselung gelungen *(zeigt mit ihrem Zeigestock auf Männerkenner)*. Mit dem Modell »Männerkenner 7.0« ist es uns endgültig möglich, den langjährigen Frauenwunsch zu erfüllen, die Männer richtig zu verstehen. Heute bei uns hier am Stand Frau Vera Wunder, die Projektleiterin in unserer »Männerkenner-Reihe« und Erfinderin des Modells »sieben Punkt null«. Frau Wunder, wenn Sie unseren Besuchern kurz die Einsatzmöglichkeiten und Funktionsweise unseres Produktes erklären würden!

Vera Wunder: Das Prinzip unseres Androiden ist denkbar einfach. Er oder auch sie, wenn Sie möchten, ist dazu konzipiert, die Sprache der Männer zu entschlüsseln. Die Idee dahinter ist folgende: Männer halten mit ihren Gefühlen quasi immer hinter dem Berg und sprechen beinahe niemals aus, was sie wirklich denken. Maßlose Übertreibungen einerseits und kleine Lügen auf der anderen Seite sind die Folgen, die uns Frauen das Leben unnötig schwer machen. Der »sieben Punkt null«-Prozessor speichert zunächst alle Spracheingaben, unterzieht sie anschließend einer Plausibilitätsprüfung und errechnet den Wert, der dem Gemeinten am nächsten kommt. Dieser Wert wird dann im Sprachausgabemodul in ein akustisches Signal umgewandelt – und das war es auch schon. Aber leichter verständ-

| | |
|---|---|
| | lich wird das Ganze mit einer kleinen Demonstration. *(legt zum Einschalten einen imaginären Schalter am Rücken von »Männerkenner« um)* Traut sich irgendjemand von Ihnen? |
| Willi Wichtig: | *(ruft dazwischen)* Ich habe Hunger! |
| Vera Wunder: | Nun Männerkenner, dann zeig mal, was du kannst! |
| Männerkenner: | *(mit einer Computerstimme, jedes Wort einzeln betont)* Ich – habe – Hunger! |
| Willi Wichtig: | *(empört)* Das ist ja Betrug! |
| Männerkenner: | Warum – konnte – ich – so – etwas – nicht – erfinden? |
| Willi Wichtig: | *(schmeichlerisch)* Scheint ja eine recht originelle Erfindung zu sein! |
| Männerkenner: | Verdammte – Weiber! |
| Willi Wichtig: | Ha! Ha! Ist ja wirklich sehr witzig! |
| Männerkenner: | Ich – will – jetzt – heim – zu – meiner – Mama! |
| | *(Lachen vonseiten der Umherstehenden)* |
| Vera Wunder: | Wie Sie sehen, es klappt ganz ausgezeichnet. |
| Anke Engel: | Ist ja wirklich beeindruckend! Aber kann sie denn auch noch mehr? Was ist, wenn es um die pikanten Dinge geht, sagen wir einmal: »Ich liebe dich«? |
| Männerkenner: | Lass – es – uns – tun! Jetzt – sofort! |
| Anke Engel: | Und wie sieht es aus mit »Kann ich dich zum Essen einladen?« |
| Männerkenner: | Ich – will – Sex – mit – dir! |
| Anke Engel: | Und »Gehen wir ins Kino?« |
| Männerkenner: | Ich – will – Sex – mit – dir! |
| Anke Engel: | Und was ist mit »Ich langweile mich«? |
| Männerkenner: | Willst – du – mit – mir – schlafen? |
| Heidi Hektisch: | Habe ich Ihnen zu viel versprochen? Schon unser Prototyp funktioniert absolut fehlerfrei, und ab nächster Woche gehen wir in Serienproduktion. In einem halben Jahr ist »Männerkenner 7.0« auch im Geschäft Ihrer Wahl erhältlich. Machen wir noch einen kleinen Test zum Abschluss! Was bedeutet der Satz »Ja, deine neue Frisur gefällt mir wirklich«? |
| Männerkenner: | Dreißig – Euro – hätte – ich – sinnvoller – angelegt! |
| Heidi Hektisch: | Aber was ist mit »Ich bin müde«? |

| | |
|---|---|
| Männerkenner: | Ich – will – deine – faltige Haut – heute – nicht – sehen. |
| Heidi Hektisch: | Und jetzt noch einen allerletzten Satz! Was bedeutet es, wenn ein Mann sagt, Frauen können besser Auto fahren als Männer? |
| Männerkenner: | Fehler – Fehler – Fehler! Falsche – Eingabe! *(schneller werdend)* Fehler – Fehler – Fehler ... *(lässt den Kopf hängen und verstummt)* |

## So ein Theater

**Dauer:** ca. 8 Minuten
**Personen:** Gretel; Großmutter; Prinzessin; Wachtmeister
**Bühne:** improvisiertes Kasperletheater. Als Vorhang ein Tuch, an zwei Stangen befestigt und von zwei Freiwilligen gehalten, etwa einen Meter fünfzig hoch
**Requisiten:** Kopftuch für die Großmutter, »fast echtes« Diadem und evtl. Schleier für die Prinzessin, blonde Zöpfe für Gretel, Polizeimütze, ggf. Schlagstock für den Wachtmeister

**Eingangsszene:** *Gretel, Großmutter und Prinzessin unterhalten sich, der Wachtmeister bleibt hinter dem Vorhang versteckt.*

| | |
|---|---|
| Gretel: | *(nachdenklich)* Also der Kasper ist in der letzten Zeit ganz merkwürdig still geworden. Ob da wohl etwas nicht in Ordnung ist? |
| Prinzessin: | *(besorgt)* Ja, wirklich! Irgendetwas kann da nicht stimmen. Früher gab es jede Woche eine Party. Immer war was los. Laute Musik und unzählige Besuche. |
| Großmutter: | *(moralisierend, mit erhobenem Zeigefinger)* Und bei den vielen jungen Mädels hat man schon einmal den Überblick verloren. |
| Gretel: | Ob da etwas im Busch ist? *(alle drei tauchen ab, ein kurzer Moment Pause, eine nach der anderen taucht auf. Zum Publikum:)* |

| | |
|---|---|
| Großmutter: | Weiß man's? |
| Prinzessin: | Darf man das wissen? |
| Gretel: | Muss man das wissen? *(alle drei tauchen ab, kurze Pause)* |
| Wachtmeister: | *(taucht auf; spielt mit seinem Schlagstock, pragmatisch zum Publikum)* Ja, ich wüsste es schon, aber mich fragt ja keiner. *(ab: Frauen tauchen wieder zusammen auf)* |
| Gretel: | *(nachdenklich)* Vor dem Haus steht jetzt immer ein Auto mit einer fremden Autonummer. |
| Prinzessin: | *(besorgt)* Das gehört doch der, die jetzt regelmäßig beim Kasperle ein und aus geht. Eigentlich ein ganz nettes Ding. Jedenfalls grüßt sie immer so freundlich. |
| Großmutter: | *(moralisierend)* Und hübsch ist die! Ein wahrer Augenschmaus. Die kann einem Mann schon ganz schön den Kopf verdrehen. |
| Gretel: | Ob da wohl mehr ist? Am Ende ist es vielleicht noch etwas Ernstes. |
| Großmutter: | Weiß man's? |
| Prinzessin: | Darf man das wissen? |
| Gretel: | Muss man das wissen? *(alle ab)* |
| Wachtmeister: | *(wie vorher)* Ja, ich wüsste es schon, aber mich fragt ja keiner. *(ab)* |
| Gretel: | *(lobend)* Etwas Gutes hat es schon auch. Der Kasper ist viel ordentlicher geworden, und man sieht ihn jetzt auch regelmäßig bei der Hausarbeit. |
| Prinzessin: | *(schwärmerisch)* Ach ja! Das stimmt! Letztens hat er eine Stunde lang die Treppe geputzt. Es ist schon ein Vergnügen, ihm zuzusehen. |
| Großmutter: | *(belehrend)* Na, wenn das mal nicht der Einfluss einer starken Frauenhand ist? |
| Gretel: | So war er früher nie, aber schaden kann's ja nicht. |
| Großmutter: | Weiß man's? |
| Prinzessin: | Darf man das wissen? |
| Gretel: | Muss man das wissen? *(alle ab)* |
| Wachtmeister: | *(wie vorher)* Ja, ich wüsste es schon, aber mich fragt ja keiner. *(ab)* |

| | |
|---|---|
| Gretel: | *(spöttisch)* Ich hätte ihn ganz anders eingeschätzt. Ein ganzer Kerl, der weiß, wo es lang geht. Der soll sich zähmen lassen? |
| Prinzessin: | *(wehmütig)* Ja, wirklich ein toller Typ, der Kasper. Aber seit kurzem nur noch Augen für seine neue Flamme. Es ist schon ein Jammer! |
| Großmutter: | *(begeistert)* Wo die Liebe hinfällt …! Es ist doch schön, wenn zwei Herzen sich finden und das Glück Einzug hält. |
| Gretel: | Vielleicht ist es auch mehr als Glück. Vielleicht hat sie ihm ja etwas ins Essen gemischt. |
| Großmutter: | Weiß man's? |
| Prinzessin: | Darf man das wissen? |
| Gretel: | Muss man das wissen? *(alle ab)* |
| Wachtmeister: | *(wie vorher)* Ja, ich wüsste es schon, aber mich fragt ja keiner. *(ab)* |
| Gretel: | *(amüsiert)* So geht es doch immer. Man verliebt sich und hat jede Menge Spaß miteinander. Am Ende weiß dann man gar nicht mehr, was man tut. |
| Prinzessin: | *(schnippisch)* Aber manchmal vergeht das auch wieder. |
| Großmutter: | *(schwärmerisch)* Es gibt doch nichts Schöneres auf der Welt, als den richtigen Menschen zu finden. |
| Gretel: | Und ehe man sich versieht, ist es mit dem lustigen Leben vorbei. |
| Großmutter: | *(begeistert)* Die beiden heiraten bestimmt. |
| Prinzessin: | *(verzweifelt)* Aber die dürfen doch nicht einfach heiraten! |
| Gretel: | *(forschend)* Vielleicht müssen sie ja heiraten? |
| Wachtmeister: | *(wie immer)* Also, das weiß wirklich keiner. |

# Bescheidene Ansprüche

**Dauer:** ca. 1–2 Minuten
**Personen:** ein verliebtes Paar
**Requisiten:** eine Halskette

**Eingangsszene:** *Das Pärchen schlendert Hand in Hand auf und ab. Er bleibt stehen und zaubert eine Halskette hervor, die er ihr umhängt.*

Sie: *(die Halskette betrachtend)* Ach mein Liebster! Diese Kette war bestimmt sündhaft teuer. *(säuselt)* Ein echter Diamant!

Er: Aber Schatz, du weißt doch, dass du mir das wertvollste Schmuckstück auf der ganzen Welt bist. Für dich ist mir nichts zu teuer.

Sie: *(süßlich)* Das hast du aber lieb gesagt. Komm, lass dich umarmen! *(drückt ihn kurz und lässt dann wieder los)* Und du meinst das wirklich ernst?

Er: Mir war in meinem ganzen Leben noch nie etwas so ernst, mein Schatz.

Sie: Aber das ist ja wundevoll! Kannst du mir einen Wunsch erfüllen?

Er: Jeden!

Sie: Versprochen?

Er: Versprochen!

Sie: Ich möchte, dass du mich an drei ganz besonderen Stellen küsst, an denen mich kein anderer küssen darf.

Er: *(verträumt)* Nichts täte ich lieber als das! Willst du mir auch verraten, welche Stellen das sind?

Sie: Zuerst in Australien, dann auf den Seychellen und dann noch auf Hawaii.

## Torschlusspanik

**Dauer:** ca. 2 Minuten
**Personen:** ein Paar im gefährlichen Alter, er fast 40, sie etwas jünger

**Eingangsszene:** *Die Tanzrunde ist gerade beendet. Er begleitet sie von der Tanzfläche, sie hakt sich bei ihm ein.*

Sie: *(neckisch)* Du Schatzi! Liebst du mich noch?
Er: Aber natürlich liebe ich dich.
Sie: Dann beweise mir, wie sehr du mich liebst!
Er: Aber das mache ich doch schon den ganzen Abend. Immerhin tanze ich nur mit dir.
Sie: Aber das ist doch kein Beweis!
Er: Na, du müsstest dich nur mal tanzen sehen.
Sie: *(nach einer kurzen Pause)* Du Schatzi! Liebst du mich wirklich?
Er: Aber das sagte ich dir bereits.
Sie: Wie viele Frauen hattest du eigentlich vor mir? *(da er schweigt, nach einer kurzen Pause)* Du bist jetzt hoffentlich nicht beleidigt!
Er: Nein, ich zähle.
Sie: Schatzi! Bist du dir auch ganz sicher, dass du mich liebst?
Er: *(genervt)* Es ist doch kaum zu glauben, dass immer die dümmsten Bauern die besten Frauen abbekommen.
Sie: *(begeistert)* Ach Schatzi! Das ist das schönste Kompliment, das du mir je gemacht hast. Jetzt weiß ich, dass du mich liebst. Willst du mich heiraten?
Er: *(platzt beinahe vor Wut)* Sag mal! Was Besseres fällt dir nicht gerade ein?
Sie: *(etwas traurig)* Doch schon! Aber die anderen wollen mich ja alle nicht.

# Sketche für Hochzeitsfeiern

Was lässt sich nicht alles in einem Hochzeitssketch darstellen: die kleinen Macken der Brautleute, ihre mal romantische, mal komische Geschichte oder auch ihr Vorleben ...
Erlaubt ist, was gefällt, denn so manche(r) wird sich bestimmt wieder erkennen!

# Die Überraschungstorte

**Dauer:** ca. 10 Minuten
**Personen:** zwei Köche, zwei Küchenhilfen und der Küchenchef
**Requisiten:** Tische mit Töpfen und Pfannen, Gemüse und Obst, Kochmützen und Koch-/Küchenkleidung
**Ton:** Geschrei und Geschepper, aufgeregte, durcheinander redende Stimmen

**Eingangsszene:** *Die beiden Köche stehen über ihren jeweiligen Tisch gebeugt und rühren in Töpfen und Pfannen. Die beiden Küchenhilfen schälen Gemüse, zerschneiden Obst und unterhalten sich dabei. Plötzlich kommt der Küchenchef wütend angerannt. Man hört Geschrei und Geschepper ...*

| | |
|---|---|
| Küchenchef: | *(aufgeregt)* Hört ihr, wie sie toben? Wer ist für die Hochzeitstorte verantwortlich? *(Alle hören schlagartig mit ihren Tätigkeiten auf und sehen ihn verwundert an. Keiner spricht. Der Küchenchef wird noch aufgeregter)* Ich will sofort wissen, wer sich von euch um die Hochzeitstorte für diese Hochzeit gekümmert hat!! |
| 1. Koch: | *(beschwichtigend)* Die Torte hat doch unser Konditor ... |
| Küchenchef: | *(ihn unterbrechend)* Es geht nicht um die Torte selbst! Wer hat die Überraschung organisiert? |
| 1. Küchenhilfe: | *(schüchtern)* Aber es wurde doch ausdrücklich eine Überraschungstorte bestellt. |
| 2. Küchenhilfe: | *(ihr zur Hilfe eilend)* Ja, ich war dabei, als die Brauteltern das in Auftrag gaben. |
| Küchenchef: | Schon gut, schon gut! Wer aber ist denn gerade auf diese Art von Überraschung gekommen? |
| 2. Koch: | Na, so originell ist es doch nun auch wieder nicht, jemanden in einer Hochzeitstorte zu verstecken. |
| 1. Koch: | Meistens finden alle die Größe der Torte aufregender als den Inhalt selbst! |

| | |
|---|---|
| 2. Koch: | *(lachend)* Und zwar deshalb, weil dann jeder ein besonders dickes Stück ergattern kann! |
| Küchenchef: | Das war heute jedenfalls nicht der Fall. Diese Überraschung hätte jede Tortengröße in den Schatten gestellt! |
| 2. Küchenhilfe: | Hat Sabine den Gästen denn nicht gefallen? *(da alle sich in ihre Richtung drehen, etwas zögerlich)* Die Brauteltern wollten doch eine besondere Überraschung, und da dachte ich sofort an meine kleine zierliche Freundin Sabine, die sich schon einmal auf einer Hochzeitsfeier in einer Torte versteckt hat und plötzlich auf ein Zeichen hin herausgesprungen kam. *(etwas trotzig)* Das fanden damals alle ganz toll, und es war der Höhepunkt der ganzen Party! |
| 1. Küchenhilfe: | *(zustimmend)* Ich finde das auch eine tolle Idee. Ein echter Höhepunkt! *(Alle außer der Küchenchef nicken zustimmend)* |
| Küchenchef: | *(verächtlich)* Ja, ein echter Höhepunkt war es allerdings! Aber eher der Höhepunkt der Unverschämtheit! |
| 1. Koch: | Findest du nicht, dass du jetzt etwas übertreibst? Worüber haben sich die Gäste denn so aufgeregt? |
| 2. Koch: | *(anzüglich)* War das zierliche Sabinchen etwa nackt? |
| Küchenchef: | *(abwinkend)* Wenn es das nur gewesen wäre! |
| 2. Koch: | *(interessiert)* Hat sie die Gäste beschimpft? |
| 1. Koch: | *(eifrig)* Oder war sie betrunken, weil sie zu viel an den in Kirschlikör getränkten Tortenwänden geknuspert hat? |
| 2. Küchenhilfe: | *(entrüstet)* So etwas würde Sabine niemals tun! |
| 1. Koch: | *(noch eifriger)* Vermutlich ist sie jemandem versehentlich ins Gesicht gesprungen!! |
| Küchenchef: | *(ironisch)* Das kommt der Sache schon etwas näher, obwohl »versehentlich« nicht der passende Ausdruck ist. |
| 2. Küchenhilfe: | *(sachlich)* Was soll denn nun das ganze Theater, wem ist sie denn ins Gesicht gesprungen, und warum? |
| Küchenchef: | *(mit erhobenen Händen)* Theater? Eure kleine zierliche Sabine ist vor lauter Wut dem Bräutigam ins Gesicht gesprungen. Sie ist nämlich seine heimliche Geliebte! Allerdings wusste sie bis heute davon genau so wenig wie von seinen Hochzeitsplänen. |

# Eine ganz besondere Hochzeit

**Dauer:** ca. 12 Minuten
**Personen:** Miriam und Odile, beide ca. 30
**Requisiten:** Zwei Telefone und zwei Sitzgelegenheiten
**Ton:** Telefonklingeln

**Eingangsszene:** *Die Bühne ist zweigeteilt. Rechts und links steht jeweils ein Sessel o. Ä. zum Publikum gerichtet. Miriam setzt sich und wählt die Nummer ihrer Freundin. Es klingelt. Odile läuft zum Telefon, nimmt das Gespräch entgegen und setzt sich ihrerseits.*

| | |
|---|---|
| Odile: | Hallo? |
| Miriam: | Hallo Odile, ich bin's, Miriam. Gut, dass du da bist. Ich muss dir unbedingt etwas erzählen! |
| Odile: | Ich habe schon auf deinen Anruf gewartet! Ihr seid doch gestern aus den USA zurückgekommen, oder? |
| Miriam: | Ja, gestern Mittag. Ich hätte dich am liebsten sofort angerufen, aber ich musste erst einmal mit dem Jetlag fertig werden und ein bisschen schlafen. |
| Odile: | Verstehe! Wie war denn die Hochzeit? Bestimmt war es für alle ein einmaliges und unvergessliches Erlebnis! |
| Miriam: | *(kichernd)* Unvergesslich war es auf jeden Fall, aber einmalig … |
| Odile: | *(leicht verwirrt)* Was meinst du? Ich glaube kaum, dass es sich Bernd und Andrea noch ein zweites Mal leisten werden, alle Verwandten und Freunde an die Ostküste einfliegen zu lassen um sich an den Niagarafällen trauen zu lassen. *(seufzt)* Wie romantisch und wie ausgefallen! |
| Miriam: | *(ironisch)* Ja, die beiden wollen ja immer etwas ganz besonders Ausgefallenes sein und tun! |
| Odile: | Ich weiß, dass du dich über ihre Art und Weise manchmal etwas ärgerst, aber dieses Mal scheint ihnen das doch mit ihrer Idee wirklich gelungen zu sein. |

| | |
|---|---|
| Miriam: | *(bissig)* Eine tolle Idee, sicher. Nur kam es leider nicht zur Trauung! |
| Odile: | Nicht? Was ist denn passiert? Erzähl mal! |
| Miriam: | *(genüsslich)* Also – zunächst hatten erst einmal einige Flüge Verspätung und die Hochzeitsgäste waren entsprechend gelaunt. |
| Odile: | Naja, Launen ändern sich doch aber meistens wieder schnell. |
| Miriam: | *(ihren Einwand ignorierend)* Zweitens hast du in den Nachrichten vielleicht von dem unerwarteten Schneefall im Staat New York gehört. Alle froren also wie die Schneider, und es war nichts mit netten Kostümchen und hochhackigen Schuhen. |
| Odile: | Konnte man denn nicht ein paar warme Mäntel und Strickjacken auftreiben? |
| Miriam: | Doch, ein paar schon! Aber nicht für die ganze 40-köpfige Gesellschaft! |
| Odile: | Das ist natürlich ärgerlich, aber … |
| Miriam: | *(sie unterbrechend)* Wart's ab. Das ist noch längst nicht alles! Stell dir also die leicht übermüdete und durchgefrorene Hochzeitstruppe vor, wie sie hinter dem ebenso gestimmten Pfarrer zu den Wasserfällen schleicht, immer vorsichtig darauf bedacht, nicht auszurutschen und mit dem Gesicht im Neuschnee zu landen. *(kichert)* |
| Odile: | Du bist wirklich gehässig! |
| Miriam: | Nun komm schon, ich habe nur etwas Sinn für Humor! Schließlich war ich doch auch dabei! |
| Odile: | Sind denn wenigstens alle wohlbehalten und sicher am Zielort angekommen? |
| Miriam: | O ja, nur leider war der für die Trauung vorgesehene Platz so zugeschneit, dass wir uns einen anderen Ort suchen mussten. |
| Odile: | Auch das noch! Ihr musstet also weiter durch die Kälte laufen? |
| Miriam: | Ja, aber das war noch der lustigste Teil, denn einige Gäste verteilten zur Besserung der Stimmung singend Schlückchen aus ihren mitgebrachten Flachmännern. |
| Odile: | Habt ihr dann wenigstens bald einen besseren und vielleicht |

| | |
|---|---|
| | auch einen etwas wärmeren Platz für die Zeremonie gefunden? |
| Miriam: | O ja, einen viel besseren Platz, ein bisschen windgeschützt und viel weniger Schnee! |
| Odile: | *(aufatmend)* Na, dann konnte es wohl doch noch losgehen! |
| Miriam: | Ja, es konnte schon losgehen. Leider war es aber so laut an unserem neuen Plätzchen, dass nur das Rauschen der Niagarafälle zu hören war. |
| Odile: | Also konnte keiner den Pfarrer hören!? |
| Miriam: | Ausgeschlossen! Zunächst versuchte er, lauthals das Tosen zu übertönen, aber die Natur Gottes ist eben stärker als der kleine Mensch ... |
| Odile: | Ja, und dann? |
| Miriam: | Nach dreimaligem Anlauf wollte er es pantomimisch versuchen, aber Bernd mochte sich zunächst nicht darauf einlassen. Er glaubte wohl, dass eine Trauung ohne Worte später angefochten werden könnte. Dazu kam noch, dass einige Gäste herumnörgelten, sie könnten weder etwas sehen noch hören. |
| Odile: | Das ist ja ein Albtraum von einer Trauung! |
| Miriam: | *(triumphierend)* Hab ich dir zu viel versprochen? |
| Odile: | Wie ging denn alles aus? |
| Miriam: | Schließlich gab Bernd nach, wir ließen die Nörgler auf die besten Stehplätze und der Pfarrer mühte sich mit Händen und Füßen ab, so gut er konnte. Ich glaube, das meiste wurde auch verstanden *(betont langsam)*, bis ... |
| Odile: | *(ungeduldig)* Bis was? |
| Miriam: | Bis es zum Ringaustausch kam! |
| Odile: | Ist dabei denn auch etwas schief gegangen? |
| Miriam: | *(lachend)* Schief gegangen? Nun, man könnte es so nennen! Die Hände des Trauzeugen waren durch die Kälte so klamm, dass ihm die Ringe bei der Übergabe an den Bräutigam in den Schnee fielen! |
| Odile: | Um Himmels willen! Das ist ja der Gipfel! Wie haben denn die Gäste und das Brautpaar darauf reagiert? |
| Miriam: | Alles schrie auf, der Bräutigam fiel in Ohnmacht, und der |

|   | Pfarrer musste – wie ein Hirte seine Lämmchen – die aufgeregte Hochzeitsgesellschaft zurück in die warme Sicherheit ihrer Hotels führen. |
|---:|:---|
| Odile: | Und gestern sind dann alle wieder abgereist? |
| Miriam: | Die Gäste schon, aber das Brautpaar sucht wohl immer noch nach den Brillanten im Schnee! |

## Im Ring

**Dauer:** ca. 15 Minuten
**Personen:** Braut und Bräutigam, Pfarrer, Trauzeuge
**Kostüme:** Hochzeitskleid und -schleier, Hochzeitsanzug, Pfarrerkleidung und festliche Kleidung für den Trauzeugen
**Requisiten:** Brautstrauß, Ring in kleiner Schmuckschatulle, ein Tisch mit zwei festlichen Blumengestecken
**Ton:** Musik des Hochzeitsmarsches

**Eingangsszene:** *Links auf der Bühne und seitlich zum Publikum aufgestellt befindet sich ein Tisch, vor dem der Pfarrer wartend steht. Der Hochzeitsmarsch erklingt, und das Brautpaar schreitet feierlich Seite an Seite zum Pfarrer. Die Braut schaut dabei schüchtern auf den Brautstrauß in ihren Händen, der Bräutigam sieht mit erhobenem Kopf nach vorn.*

|   |   |
|---:|:---|
| Pfarrer: | Liebes Brautpaar, liebe Brautgemeinde! Wir haben uns heute hier zusammengefunden, um miteinander ein festliches Ereignis zu begehen. *(schaut wohlwollend zum Brautpaar)* Elisa Dorfmann und Henrik Baier haben sich von Gott bestimmt zusammengefunden, um miteinander den heiligen Bund der Ehe einzugehen und einander in guten wie in schlechten Zeiten zu lieben und zu ehren. Wenn ich in die Gesichter dieser lieben Kinder Gottes sehe, dann sehe ich nur beidseitige Eintracht und |

tiefe Freude. Was ER aus guten Gründen zusammengeführt hat, das soll von nun an für ewig zusammenbleiben. Und sollte es jemanden geben, der einen Einwand gegen dieses Bündnis hat, dann spreche er jetzt oder schweige für immer! *(Das Brautpaar zieht in diesem Moment zusammen die Schultern hoch und hält die Luft an. Keiner spricht, alles ist still. Sie entspannen sich wieder. Der Pfarrer legt seine Hände auf ihre Köpfe)* Dann segne ich euch im Namen Gottes und mache euch zu Mann und Frau. Steckt euch jetzt zum Zeichen eurer gegenseitigen Verbundenheit die Ringe an!

Braut: *(leise)* Der Ring! Na endlich! *(Der Trauzeuge kommt zum Hochzeitspaar und überreicht dem Bräutigam eine kleine Schmuckschatulle. Der Bräutigam öffnet sie. Die Braut beugt sich mit einer ruckartigen Kopfbewegung über das Kästchen und prallt mit einem kleinen, spitzen Schrei zurück)* Ah! Das kann doch nicht wahr sein!

Bräutigam: *(irritiert)* Was?

*(Der Pfarrer schaut ebenfalls höchst überrascht auf die Braut)*

Braut: *(aufschreiend)* Ein Halbedelstein!!!
Bräutigam: *(stolz)* Ja, ich dachte, zur Feier des Anlasses …
Braut: *(entsetzt)* Das ist er nicht!
Bräutigam: *(perplex)* Was meinst du?
Braut: *(aufgebracht auf den Ring zeigend)* Das ist nicht der Ring, den wir ausgesucht haben!
Bräutigam: *(beschwichtigend)* Natürlich ist es der Ring!
Braut: *(kopfschüttelnd)* Nein, ist es nicht! Ich wollte den Smaragd, und das hier ist ein Türkis!
Pfarrer: *(beunruhigt)* Ist irgendetwas nicht in Ordnung?
Bräutigam: *(beschwichtigend)* Nein, nein, alles ist in bester Ordnung. *(zur Braut)* Jetzt nimm dich bitte zusammen!
Braut: *(stur)* Das ist ein Türkis, und ich wollte den Ring mit dem Smaragd!

| | |
|---|---|
| Bräutigam: | Aber er ist doch sehr hübsch – und so schön blau! |
| Braut: | *(aufgebracht)* Ich bin nicht farbenblind! Türkise sind immer blau, und Smaragde sind grün! |
| Bräutigam: | Aber beim Juwelier hast du doch gesagt … |
| Braut: | *(ihn unterbrechend)* Ich weiß genau, was ich beim Juwelier gesagt habe! |
| Bräutigam: | Du fandest den Türkisring auch ganz hübsch! |
| Braut: | *(zischend)* Ja, ganz hübsch für Leute, die sich nicht den Smaragdring leisten können! |
| Bräutigam: | *(unsicher)* Aber du hast gesagt … |
| Braut: | *(wütend)* Ich habe gesagt, dass der Türkisring ein netter ERSATZ für ein Hochzeitspaar sei, das sparen muss, weil es nur ein kleines Gehalt hat. Das habe ich gesagt! Von uns war keine Rede! |
| Bräutigam: | Aber auch wir müssen … |
| Braut: | *(noch wütender, reißt sich den Schleier vom Gesicht und brüllt den Bräutigam an)* Na, das fängt ja gut an! Wir sind noch nicht einmal verheiratet, und schon denkst du daran, Geld zu sparen! |
| Bräutigam: | *(flehend mit Blick auf den entsetzten Pfarrer)* Ich bitte dich! Nun beruhige dich doch ! So war das doch gar nicht gemeint! |
| Braut: | *(schluchzend)* Ich fasse es nicht! An meinem Ehrentag muss ich mir so etwas bieten lassen! Ein Halbedelstein! Was für eine furchtbare Blamage! |
| Bräutigam: | *(hilflos)* Also, wenn ich gewusst hätte, dass dir so viel daran liegt … |
| Braut: | *(lauter schluchzend)* So viel daran liegt? Wie stehe ich denn jetzt vor den anderen dar? Mechthilds Hochzeitsring besteht aus lauter kleinen Brillanten, und Heidis Ring ist ein Gedicht aus Platin und Rubinen! |
| Bräutigam: | Aber ich wusste doch nicht … |
| Braut: | *(schluchzend)* Wie oft habe ich davon in den letzten Tagen gesprochen! *(lauter schluchzend)* Wie kann mein zukünftiger Mann nur so unsensibel sein! *(schniefend)* Und dabei wollte ich doch nur ein einziges Mal heiraten … |

| | |
|---|---|
| Bräutigam: | *(plötzlich wachsam)* Was meinst du mit nur ein einziges Mal heiraten? |
| Braut: | *(weniger schluchzend)* Ein Ring bedeutet doch Einigkeit und Verbundenheit und *(mit einem Blick zu ihm)* eben alles zwischen zwei Menschen! Und wenn der Bräutigam schon hier so kleinlich ist, dann war es eben vielleicht doch nicht so eine gute Idee … |
| Bräutigam: | *(nervös)* Moment, so darfst du das aber nicht gleich sehen! |
| Braut: | *(ziemlich gefasst und sich mit dem Ärmel ihres Hochzeitskleides die Tränen trocknend)* Naja, dann eben beim nächsten Mal! |
| Bräutigam: | Bei welchem nächsten Mal??? *(lässt das Ringkästchen wieder zuschnappen und dreht sich zum Trauzeugen um)* Peter, bitte lauf schnell zu Juwelier Reinsfeld und tausch diesen Ring gegen den grünen in der Vitrine links aus. Er wird sich schon noch an mich erinnern, und *(wühlt in seiner Jackentasche)* hier ist meine Kreditkarte! *(Die Braut küsst den Bräutigam mit einem Juchzer, und der Pfarrer fällt in Ohnmacht!)* |

## Alte Bräuche

**Dauer:** ca. 15 Minuten
**Personen:** Die beiden Freunde Giovanni und Alexander, 25–30
**Kostüme:** Alltagskleidung
**Requisiten:** Ein Tisch, zwei Bier- oder Weingläser mit Inhalt
**Ton:** Hintergrundmusik nach Belieben

**Eingangsszene:** *Die beiden Freunde sitzen einander gegenüber am Tisch. Giovanni macht einen deprimierten Eindruck. Er hält den Kopf in die Hände gestützt und blickt missmutig vor sich hin. Alexander trinkt einen Schluck und stellt das Glas wieder auf den Tisch zurück.*

| | |
|---|---|
| Alexander: | Heute bist du aber wirklich in schlimmster Stimmung! Ich weiß schon gar nicht mehr, was ich noch erzählen soll, um dich ein bisschen aufzuheitern. |
| Giovanni: | *(missmutig)* Hm. |
| Alexander: | Kannst du nicht wenigstens mal andeuten, was dich in diesen trübseligen Zustand versetzt hat? Sonst bist du immer in so guter Stimmung! |
| Giovanni: | Ach, lass mal. Nicht so wichtig. Ich werde wohl lieber nach Hause gehen. *(trinkt sein Glas aus)* |
| Alexander: | *(protestierend)* Kommt überhaupt nicht in Frage! So lasse ich dich nicht allein! Irgendein Thema wird es wohl geben, das dich ein bisschen aufbaut … *(überlegend)* Ja! Was ist denn eigentlich mit deiner Angelina? *(Giovanni zuckt bei der Nennung dieses Namens zusammen)* Habe lange nichts mehr von ihr gehört, und du warst doch so Feuer und Flamme für sie. *(Giovanni bedeckt sich die Augen mit den Händen und stöhnt gequält auf)* Du wolltest sie am liebsten vom Fleck weg heiraten! *(triumphierend)* Aha! Da liegt also der Hund begraben! Was ist denn passiert? |
| Giovanni: | Darüber will ich gar nicht sprechen! |
| Alexander: | *(aufmunternd)* Du denkst doch sowieso die ganze Zeit daran. Komm, erzähl mal ein bisschen. Das hilft! |
| Giovanni: | Sie will mich nicht mehr sehen. |
| Alexander: | *(ungläubig)* Was? Ich denke, sie war ebenfalls ganz begeistert von dir? Sagtest du nicht, es sei Liebe auf den ersten Blick bei euch beiden gewesen? |
| Giovanni: | *(traurig)* Dachte ich ja auch. |
| Alexander: | Was ist denn passiert? Warst du nicht aufmerksam genug? *(besserwisserisch)* Frauen brauchen viel Aufmerksamkeit, weißt du! |
| Giovanni: | *(grollend)* Das brauchst du mir nicht zu sagen! Meine Eltern sind Italiener, und mein Vater erzählt mir seit meinem fünften Lebensjahr, wie ein Mann einer Frau anständig den Hof zu machen hat! |
| Alexander: | Ja, und hast du seine Ratschläge denn nicht berücksichtigt? |

Giovanni: Eben doch!
Alexander: *(unverständig)* Das verstehe ich nicht!
Giovanni: *(stöhnend)* Also, zuerst habe ich ihr ein Ständchen unter ihrem Fenster dargebracht.
Alexander: *(skeptisch)* Aber du bist doch völlig unmusikalisch und kannst keinen Ton halten!
Giovanni: *(mürrisch)* Ich weiß! Aber mein Vater sagt immer: Der Weg zum Herzen einer Frau geht durch ihr Ohr!
Alexander: *(stirnrunzelnd)* Habe ich noch nie gehört! Das muss ein italienisches Sprichwort sein.
Giovanni: Jedenfalls haben ihre Eltern die Polizei gerufen, um den angeblichen lärmenden Trunkenbold abholen zu lassen, und ich musste die halbe Nacht Konversation mit einem der Beamten machen.
Alexander: *(lachend)* Das ist wirklich nicht witzig.
Giovanni: Als Nächstes und um alles wieder gut zu machen, habe ich sie in das neue thailändische Restaurant eingeladen, von dem alle schwärmen.
Alexander: Ins Bangkok Palace? Wow! Eine tolle Idee!
Giovanni: *(abwinkend)* Vergiss es! Sie hasst alles mit Kokosmilch, Ingwer und Koriander, und Zitronengras erinnert sie an Gestrüpp.
Alexander: *(mitfühlend)* Also auch hier kein Erfolg!
Giovanni: Nicht wirklich, abgesehen von der Erfahrung, 10 Euro für eine Hühnerbeinsuppe ausgegeben zu haben, die die Dame am Ende gnädigerweise dann doch noch mit Todesverachtung zu sich nahm.
Alexander: Jeder kann mal ein bisschen danebenliegen! Das ist doch aber kein Grund, dich gar nicht mehr sehen zu wollen!
Giovanni: *(seufzend)* Nie mehr, hat sie gesagt!
Alexander: Also wirklich! Was ist das denn für eine Frau!
Giovanni: *(entschuldigend)* Vielleicht hätte sie es sich ja noch einmal überlegt, wenn dann nicht noch die Sache mit dem Baumstamm passiert wäre!

| | |
|---|---|
| Alexander: | Die Sache mit dem Baumstamm? Hattet ihr einen Unfall? |
| Giovanni: | So ungefähr … Mein Vater hat mir erzählt, dass der Verehrer seiner Angebeteten früher heimlich einen Baumstamm vor ihre Zimmertür legte, um zu prüfen, wie ernst es ihr mit ihm sei. |
| Alexander: | Davon habe ich auch schon einmal gehört. Wenn sie seine Liebe erwidert, dann nimmt sie den Stamm mit in ihr Zimmer, wenn nicht, dann findet er ihn am nächsten Morgen von der Zimmertür weggerollt. War es nicht so? |
| Giovanni: | *(nickend)* Genau! |
| Alexander: | Und? |
| Giovanni: | Ich habe den ganzen Abend gebraucht, um ihr unbemerkt den Hausschlüssel abzuluchsen, habe mich dann nach Mitternacht mit dem dicken Stamm heimlich bis vor ihr Zimmer hochgeschlichen und ihn dort so leise wie möglich abgelegt. |
| Alexander: | Hat sie dich gehört? |
| Giovanni: | Nein! |
| Alexander: | Bist du von ihren Eltern entdeckt worden? |
| Giovanni: | Nein!! |
| Alexander: | Dann bleibt nur noch eins: Sie hat den Baumstamm nicht ins Zimmer geholt! |
| Giovanni: | *(zerknirscht nickend)* Richtig! Das konnte sie aber auch nicht mehr, nachdem sie nachts beim Pinkeln darüber gefallen ist und sich dabei beide Beine gebrochen hat! |

# Chinesische Hochzeitsgäste

**Dauer:** ca. 7 Minuten
**Personen:** Gertrud und ihr Mann Werner, ca. 35
**Kostüme:** Bequeme Hauskleidung
**Requisiten:** Zwei Sessel oder eine Couch, Couchtisch, eine Einladungskarte mit Kuvert, Buch

**Eingangsszene:** *Gertrud und Werner sitzen gemütlich auf dem Sofa oder in ihren Sesseln. Er liest in einem Buch, sie wedelt mit einem Kuvert hin und her, aus dem sie eine Karte zieht.*

| | |
|---|---|
| Gertrud: | Schau mal, was heute mit der Post gekommen ist! |
| Werner: | *(kurz aufblickend)* Hm, eine Karte. Die kommen meistens mit der Post. |
| Gertrud: | Sehr witzig! Es ist aber keine normale Karte! |
| Werner: | *(weiter lesend)* Was kann denn an einer Karte anormal sein? |
| Gertrud: | *(die Augen verdrehend)* Ich meine, es ist eine ganz besondere Karte! Eine Einladung. |
| Werner: | *(das Buch aus der Hand legend und interessierter)* Eine Einladung? Wer hat uns denn eingeladen? |
| Gertrud: | Franziska und Fabian. *(neckend)* Und rate mal wozu! |
| Werner: | *(enttäuscht)* Ach, die beiden! Bestimmt zu einem ihrer berühmt-berüchtigten Schottendinners, auf denen es den ganzen Abend *(Fabians Stimme nachäffend)* witzigerweise nur Salzstangen und Mineralwasser gibt! |
| Gertrud: | *(lachend)* Keine Angst! Es ist ein anderer Anlass. |
| Werner: | *(neugierig)* Welcher denn? |
| Gertrud: | Sie heiraten! |
| Werner: | *(erstaunt)* Wie bitte? Seit Jahren jammert Fabian doch immer über die hohen Kosten von Hochzeiten, sobald Franziska das Thema anschneidet! Haben sie etwa ein Preisausschreiben oder im Lotto gewonnen? |
| Gertrud: | Jetzt bist du aber wirklich gemein! |

| | |
|---|---|
| Werner: | Von wegen! Woher nur dieser plötzliche Sinneswandel … |
| Gertrud: | Ich denke, Franziska hat ihm nach sieben Jahren Geduld endlich die Pistole auf die Brust gesetzt und gesagt: Entweder du heiratest mich noch dieses Jahr, oder ein Anderer wird es tun! |
| Werner: | Der alte Geizhals wird trotzdem versuchen, sich irgendwie um die Kosten für die Feier zu drücken! |
| Gertrud: | Ich wüsste nicht wie! Auf der Einladung steht jedenfalls nicht, dass die Gäste Essen und Getränke selbst mitzubringen haben *(dreht die Einladung hin und her),* und eine Liste mit Geschenken, die man gut wieder verkaufen kann, um damit die Hochzeitskosten nachträglich zu bestreiten, finde ich auch nirgends. |
| Werner: | *(auf die Karte deutend)* Da steht aber noch etwas Kleingeschriebenes auf der Rückseite! |
| Gertrud: | *(abwinkend)* Ach, das ist nur die Gästeliste – im Miniaturformat: Platz sparend! |
| Werner: | Vor allem Kosten sparend! Wer ist denn eingeladen? |
| Gertrud: | *(mit zusammengekniffenen Augen langsam die Schrift entziffernd)* Ich kann es kaum lesen! Überhaupt sehen die Namen fast alle chinesisch aus. |
| Werner: | *(mit einem Aufschrei)* CHINESISCH! Ich hab's gewusst!!! |
| Gertrud: | *(erstaunt)* Was hast du gewusst? Fabian erzählt doch immer von seiner chinesischen Arbeitskollegin … |
| Werner: | *(spürsinnig)* Du hast aber nicht von nur einem chinesischen Namen gesprochen, sondern gesagt, es stünden fast nur chinesische Namen auf der Gästeliste. |
| Gertrud: | *(laut überlegend)* Vielleicht hat diese Arbeitskollegin ja eine große Familie, die sie nach alter chinesischer Tradition zu der Hochzeitsfeier mitbringen wollte! |
| Werner: | *(sarkastisch)* Sicher! Und weißt du, warum Fabian in seiner unschlagbaren Gastfreundschaft von dieser Idee begeistert war? |
| Gertrud: | Warum? |
| Werner: | Weil nach altem Brauch viele chinesische Gäste dem Brautpaar in rote Tütchen verpackte Geldscheine zur Finanzierung der Hochzeit mitbringen! |

## Das Hochzeitskleid

**Dauer:** ca. 3 Minuten
**Personen:** Mutter und Tochter
**Requisiten:** zwei Stühle, ein Häkelkleid (oder eine Häkeldecke) im Karton

**Eingangsszene:** *Mutter und Tochter sitzen sich gegenüber.*

| | |
|---|---|
| Mutter: | Ingrid, du musst jetzt ganz tapfer sein. |
| Ingrid: | *(unruhig)* Was ist denn, Mutter? Hat es etwas mit meiner Hochzeit morgen zu tun? Ist irgendetwas bei euren Vorbereitungen schief gelaufen? |
| Mutter: | *(zögernd)* Ich würde nicht direkt sagen schief gelaufen. |
| Ingrid: | *(leicht ungeduldig)* Warum siehst du mich dann so an? |
| Mutter: | *(zögernd)* Es geht um dein Kleid. |
| Ingrid: | *(laut)* Mein Kleid? Du hast mir doch noch gestern Abend versichert, dass Maria es fertig genäht hat! |
| Mutter: | *(zuckt zusammen)* Ich dachte doch auch ... |
| Ingrid: | *(ärgerlich)* Also ist es nicht fertig geworden? Hättet ihr mir das nicht gestern Abend sagen können? *(wütend gestikulierend)* Woher soll ich jetzt noch bis morgen ein Kleid bekommen? |
| Mutter: | *(beschwichtigend)* Du hast mich falsch verstanden. Deine Schwester hat das Kleid fertig gemacht! |
| Ingrid: | *(erstaunt)* Ja, was ist dann das Problem? Hat sie sich vernäht? |
| Mutter: | Nun ... Das ist genau der Punkt! Es ist eben nicht genäht! |
| Ingrid: | *(verständnislos)* Nicht genäht? |
| Mutter: | Maria musste für ihre Abschlussarbeit in diesem Jahr etwas zum Thema »Häkel-Chic« entwerfen, und da dachte sie ... |
| Ingrid: | *(aufstöhnend)* Das darf nicht wahr sein! Sie hat mir ein Hochzeitskleid gehäkelt! |
| Mutter: | *(zieht das Häkelkleid aus dem Karton)* Ingrid, bitte! Sie wollte diesen Tag für dich doch nur unvergesslich machen! |
| Ingrid: | *(verzweifelt)* O ja, diesen Tag werde ich nie vergessen! |

# Kleine Pannen in der Hochzeitsnacht

**Dauer:** ca. 12 Minuten
**Personen:** das Hochzeitspaar
**Kostüme:** hübsche Nachthemden oder Pyjamas
**Requisiten:** Bett oder Bett simulierende Matratze bzw. Decke, Kopfkissen und Bettdecken, Kerzen, die neben dem Bett brennen und für eine romantische Stimmung sorgen sollen
**Ton:** Diverse Störgeräusche wie Scheppern, Gekicher und Gelächter, Geräusche von umfallenden Gegenständen und wegeilenden Schritten

**Eingangsszene:** *Das Hochzeitspaar liegt Seite an Seite im Bett unter der Bettdecke. Sie wendet sich ihm zu.*

| | |
|---|---|
| Braut: | Was für ein wunderschöner Tag! Die ganze Feier war wirklich toll! Aber jetzt bin ich froh, dass wir endlich allein sind! |
| Bräutigam: | *(ihre Haare streichelnd)* Ich auch! Bist du denn gar nicht müde nach allem? |
| Braut: | *(sich näher an ihn kuschelnd)* Keine Spur! Auf diesen Moment habe ich den ganzen Abend gewartet. *(Man hört Gekicher und Geschepper)* |
| Bräutigam: | *(steht auf, läuft an ein imaginäres Fenster auf der linken Bühnenseite und hält Ausschau)* Es sieht ganz so aus, als ob nicht nur du den ganzen Abend auf diesen Moment gewartet hättest! |
| Braut: | *(besänftigend)* Sie sind schon wieder weg! *(verführerisch)* Kommst du wieder ins Bett? |
| Bräutigam: | Ja, sofort. *(geht zurück zum Bett, tritt dabei aber in eine der auf dem Boden stehenden Kerzen und stößt einen Schmerzensschrei aus, bevor er humpelnd ins Bett fällt)* |
| Braut: | *(besorgt)* Du Armer! Hast du dich sehr verbrannt? |
| Bräutigam: | *(wimmernd)* Das wird bestimmt eine Verbrennung zweiten Grades! |

| | |
|---|---|
| Braut: | *(unter die Decke tauchend, seinen Fuß begutachtend und dann wieder zum Vorschein kommend)* Es sieht weniger schlimm aus, als es sich anfühlt … *(kuschelt sich wieder an ihn)* Geht es wieder? |
| Bräutigam: | *(mit schmerzvoll verzogenem Gesicht)* Ja, ich denke schon. |
| Braut: | *(gurrend)* Habe ich dir denn heute gefallen in dem neuen Kleid? |
| Bräutigam: | *(abgelenkt)* Und wie! *(nimmt ihre Hand in seine)* Du bist überhaupt die Allerschönste *(küsst einen Finger)*, Allerschlauste *(küsst den zweiten Finger)*, Allernetteste *(küsst den dritten Finger)*, Allerallerbeste *(küsst wilder werdend ihren vierten Finger)* von allen … *(Geräusche von laut umfallenden schweren Gegenständen und erneutes Gekicher unterbrechen seine schwärmerischen Ausführungen, sodass er wütend aus dem Bett fährt)* Jetzt ist aber Schluss! Kann man denn nicht einmal in der eigenen Hochzeitsnacht seine Ruhe haben? |
| Braut: | *(kichernd)* Lass sie doch und mach lieber weiter! |
| Bräutigam: | *(kommt verärgert ins Bett zurück, legt sich steif auf den Rücken und faltet die Hände)* Ich kann nicht! |
| Braut: | *(enttäuscht)* Im Ernst? Es ist doch nur ein traditioneller Spaß! |
| Bräutigam: | *(mürrisch)* Eine schöne Tradition! Zu wissen, dass da jemand hinter verschlossenen Türen lauscht und sich über uns amüsiert … Das macht mich ganz nervös! |
| Braut: | *(übermütig)* Das wollen wir natürlich nicht! Und wenn es die verschlossenen Türen sind, die dich abhalten … *(springt aus dem Bett, öffnet eine imaginäre Tür rechts von der Bühne und ruft laut hinaus)* Wir haben euch gehört, und ihr könnt jetzt ruhig hereinkommen. Plätze in allen Preiskategorien sind noch reichlich vorhanden! |

# Das Hochzeitsfoto

**Dauer:** ca. 15 Minuten
**Personen:** Der Hochzeitsfotograf, das Brautpaar, die Brautmutter, der Bräutigamsvater, ein Neffe, eine Nichte, der Opa der Braut, eine Freundin, ein Freund
**Kostüme:** Hochzeitskleidung für das Brautpaar, Festtagskleidung für die Gäste, Alltagskleidung für den Fotografen
**Requisiten:** Brautstrauß, Stativ und Fotoapparat

**Eingangsszene:** *Der Fotograf steht über sein Stativ gebeugt und prüft die Aufstellung der Gruppe, die schlecht angeordnet ist: Die Kinder stehen hinten, Braut und Bräutigam nicht zusammen, der Opa der Braut fehlt, die Freundin steht zu weit entfernt von allen ... Alle sprechen durcheinander, und es herrscht Unruhe.*

| | |
|---|---|
| Fotograf: | *(sich aufrichtend und zu der Festgesellschaft)* So geht das nicht! Sie müssen sich anders aufstellen! *(gestikuliert hin und her)* Die Braut bitte nach vorn neben den Bräutigam *(Braut und Bräutigam stellen sich nebeneinander in der ersten Reihe auf)*, daneben bitte die Kinder. *(Die Kinder werden nach vorne geschubst)* |
| Neffe: | Wie lange dauert es noch? |
| Nichte: | Mann, ist das langweilig hier! |
| Fotograf: | *(auf Freund und Freundin zeigend)* Einen Moment! So, jetzt noch die Dame und der Herr dort hinter das Brautpaar ... |
| Brautmutter: | *(verärgert aus dem Hintergrund)* Und die Eltern stehen wohl in der letzten Reihe? |
| Bräutigamsvater: | *(verärgert)* Wer hat denn schließlich die Hochzeit bezahlt, hm? |
| Braut: | *(nach hinten zischend)* Aber, Vater! |
| Fotograf: | Die Brauteltern bitte zusammen an die Seite des Brautpaars ... |
| Nichte: | Ich will aber nicht neben Oma stehen. Die riecht immer so komisch! *(Der Bräutigam stößt sie ermahnend in die Seite,* |

| | |
|---|---|
| | *schmollend zu ihm)* Sagst du doch auch immer, wenn sie nicht da ist! |
| Neffe: | *(unruhig von einem Bein auf das andere trippelnd)* Wie lange noch? Ich habe Hunger! |
| Freundin: | *(flüstert der Braut etwas ins Ohr, und beide fangen an zu lachen.)* |
| Bräutigamsvater: | *(dreht sich skeptisch um, argwöhnisch)* Macht ihr euch etwa über mich lustig? |
| Freundin: | *(unaufrichtig)* Aber nein! *(Die Kinder fangen an, sich gegenseitig zu ärgern, sich an den Haaren zu ziehen und die Zunge herauszustrecken. Die Braut versucht, sie zu trennen, indem sie mit dem Brautstrauß zwischen sie schlägt)* |
| Fotograf: | *(stöhnend)* Können Sie jetzt bitte alle eine Minute ruhig sein und stehen bleiben, damit ich das Foto machen kann? *(Der Tumult beruhigt sich etwas. Der Fotograf beugt sich erneut über seine Kamera und will gerade das Bild machen …)* |
| Braut: | *(aufschreiend)* MOMENT! |
| Alle: | *(laut und überrascht)* Was? |
| Braut: | *(aufgeregt)* Opa fehlt! |
| Bräutigam: | *(mit rollenden Augen nach allen Seiten rufend)* Oooooooopaaaaaa! |
| Braut: | Wo steckt er nur? |
| Brautmutter: | Vielleicht musste er noch einmal aufs Örtchen … |
| Neffe und Nichte: | *(fangen an zu kichern und sich zu necken)* |
| Bräutigamsvater: | Ich sehe mal nach, wo er steckt! *(geht ab)* |
| Brautmutter: | *(aufstöhnend)* Mir ist plötzlich ganz schlecht! |
| Freundin: | *(besorgt)* Soll ich Ihnen ein Glas Wasser holen? |
| Freund: | *(beruhigend)* Das ist nur die Aufregung! *(zu ihr)* Na, geht es wieder? |
| Brautmutter: | *(nickend)* Ich denke schon. *(Der Fotograf hat inzwischen, von allen unbemerkt, seine Sachen gepackt und ist kopfschüttelnd verschwunden. Der Bräutigamsvater kommt mit dem Opa wieder)* |
| Opa: | *(strahlend)* Wie lieb, dass ihr auf mich gewartet habt! Wo soll |

|  |  |
|---|---|
|  | ich denn stehen? *(stellt sich in die erste Reihe. Alle laufen durcheinander, um die vom Fotografen ursprünglich angeordnete Aufstellung wieder einzunehmen. Schließlich stehen alle richtig, und auch der Opa hat einen besseren Platz. Sie schauen alle betont fröhlich und schlagartig grinsend nach vorne)* |
| Brautmutter: | *(laut und wachsam)* Irgendetwas fehlt! |
| Braut: | *(mit scharfer Stimme zu der Gruppe)* Keiner rührt sich!!! *(zum Bräutigam)* Fred, hol das Branchentelefonbuch, aber schnell! *(wieder zu der Gruppe)* Wehe, einer rührt sich weg! *(zum Bräutigam, der zögernd dasteht)* Was wartest du denn? Hol das Branchentelefonbuch und ruf schnell die Fotografennotrufzentrale an! Sag, es ist ein Notfall! |

## Heißer Flirt am kalten Büfett

**Dauer:** ca. 10 Minuten
**Personen:** Gäste im Hintergrund, die sich miteinander unterhalten, eine junge Frau, ein junger Mann mit Pomade im Haar, der übertrieben galant auftritt
**Requisiten:** aufgebautes Büfett mit Tellern und Schüsseln etc., kleine Teller mit Häppchen o. Ä., Sektgläser, festliche Kleidung
**Ton:** Hintergrundmusik nach Belieben

**Eingangsszene:** *Die Frau steht allein vor dem Büfett und schaut konzentriert auf die Häppchen und Speisen vor ihr, von denen sie dann zögerlich das eine und andere auf ihren Teller legt. Plötzlich kommt mit schwungvoll ausladenden Schritten der junge Mann auf sie zu, stellt sich nahe neben sie und starrt sie ungläubig an. Sie weicht automatisch einen Schritt zur Seite, wobei versehentlich das Häppchen, das sie sich gerade aus einer Schüssel genommen hat, in diese zurückfällt. Mit einer Mischung aus Erstaunen und Ärger schaut sie ihn an.*

| | |
|---|---|
| Mann: | *(vor ihr auf die Knie fallend)* Gnädige Frau! Verzeihen Sie mir, aber ich bin *(betont)* entzückt! Noch nie hat eine Frau schon von Weitem derartige Gefühle in mir ausgelöst. *(greift nach ihrer Hand)* Und als ich dann beobachtet habe, mit welcher Anmut Sie sich am Büfett bewegten … Da hielt mich einfach nichts mehr, und ich musste zu Ihnen eilen! |
| Frau: | *(peinlich berührt ihre Hand wegziehend)* Stehen Sie sofort auf! Sie machen sich ja völlig lächerlich! |
| Mann: | *(mit großen Augen und reuevoll)* Natürlich haben Sie Recht! *(steht auf)* Mein Verhalten ist ganz und gar unverzeihlich. Darf ich Ihnen denn wenigstens einen schönen Teller mit ein paar dieser Köstlichkeiten zurechtmachen? |
| Frau: | *(winkt ab)* Bitte, bemühen Sie sich nicht. Ich komme schon allein klar! |
| Mann: | *(legt schwärmerisch seine Hand aufs Herz)* Bitte! Sie würden mir so eine große Freude erweisen! Zu wissen, dass in Ihrem rosenknospigen Mund im Laufe des Abends einige Delikatessen schmelzen werden, die meine Wenigkeit Ihnen jetzt zu dieser Stunde ausgewählt hat … *(stöhnt und verdreht die Augen)* |
| Frau: | *(angewidert)* Bitte gehen Sie jetzt auf der Stelle. Ich suche mir meine Häppchen lieber allein aus! |
| Mann: | *(eifrig mit beiden Händen über den Schüsseln und Platten auf dem Büfett gestikulierend)* Wie wäre es mit etwas Entenleberpastete oder einem Scheibchen Lachs? *(legt etwas von beidem auf einen Teller)* |
| Frau: | Ich bin … |
| Mann: | *(sie unterbrechend)* Oder ist Ihnen eher nach den Wildschweinmedaillons und diesen niedlichen kleinen marinierten Hühnerbeinen? *(legt auch davon etwas auf den Teller)* |
| Frau: | Ich bin … |
| Mann: | *(sie wieder unterbrechend und schelmisch mit dem Zeigefinger der freien Hand drohend)* Aha, Sie wollen auch das vorhin heruntergefallene Häppchen! *(schaut in die betreffende Schüssel)* Na, da haben Sie sich aber vertan. Sieht aus wie Senfgemüse! |

|Frau:|*(wendet sich einer anderen Platte zu)* Da sieht doch die eingelegte Rinderzunge wesentlich besser aus. Und für Sie *(dreht sich mit einer Verbeugung zu ihr)* nur das Beste: die Zungenspitze! *(legt auch diese auf den übervollen Teller, den er ihr dann entgegenstreckt)*|

Frau: *(die Hände hinter den Rücken versteckend und sich vor Ekel schüttelnd)* Ich habe eigentlich noch gar keinen richtigen Appetit! *(sieht sich nach allen Seiten Hilfe suchend um)* Ach, ich glaube, die Braut hat mir gerade ein Zeichen gemacht. Ich muss schnell zu ihr …

Mann: *(folgt ihrem Blick und schaut sie dann wieder schmachtend an)* Glauben Sie mir! Sie sind noch tausend Mal hübscher als Ihre junge Brautschwester! Und was würden Sie erst für eine bezaubernde Braut abgeben …

Frau: *(wütend und laut)* Jetzt reicht's mir aber! Gehen Sie mir sofort aus den Augen, sonst landet der Inhalt Ihres liebevoll zusammengestellten Delikatessentellers nicht in meinem Rosenknospenmündchen, sondern auf Ihrem behaarten Schädel. Und dann noch etwas: Ich bin Vegetarierin, habe eine Vorliebe für Senfgemüse, und die Braut ist nicht meine Schwester, sondern meine Mutter!

## Brautsuche am PC

**Dauer:** ca. 5–7 Minuten
**Person:** Kai-Uwe, ein junger Mann um die 30
**Kostüm:** Schlampige Jogginghose und T-Shirt
**Requisiten:** Computer(attrappe) und Tastatur
**Mobiliar:** Arbeitstisch und Stuhl

**Eingangsszene:** *Kai-Uwe sitzt vor seinem Computer und starrt mit entschlossenem Gesichtsausdruck auf den Bildschirm.*

Kai-Uwe: *(zu sich selbst)* Denen werd ich's zeigen! Ich werde schon noch eine Braut finden bis zum Jahresende! Bis dahin muss ich nämlich verheiratet sein, sonst wird es nichts mit Onkel Ludwigs Erbe. *(schnalzt mit der Zunge)* Und das wäre doch ganz furchtbar ärgerlich!!! *(konzentriert sich auf den Bildschirm und beginnt zu tippen)*
So, dann mal los: Was will diese Agentur denn wissen? Geschlecht! Meinen die meins oder ihrs? Na, ich gebe vorsichtshalber weiblich ein. *(tippt)* Alter? Zwischen 18 und 40, wegen der größeren Auswahl. *(tippt nickend weiter)* Haar-, Haut- und Augenfarbe? Ist mir egal! *(tippt)* Typ? O Gott! Was soll ich denn da eingeben? Ich klicke mal auf Hilfe … Aha, hier gibt es eine Auswahl. Fünf Typen darf ich angeben … Am besten nehme ich gleich die ersten fünf: Also treue Seele *(klickt auf der Tastatur)*, lebhaftes Naturell *(ein erneutes Klicken)*, mutige Kämpfernatur *(ein Klick)*, redegewandte Gesprächspartnerin *(klickt nickend)* und … *(stockt kurz)* süßes Vögelchen. Hört sich nett an, nehmen wir auch! … *(klickt ein letztes Mal)* Weiter geht's zur Bildgalerie. Jetzt bin ich aber gespannt, wen sie mir da ausgesucht haben! *(tippt auf die Tasten und schaut gespannt auf den Bildschirm)* Das dauert aber lange! Wahrscheinlich kommen viele Frauen für mich in Frage … *(reibt sich in freudiger Erwartung die Hände)* Ha, jetzt kommen die Bilder …, obwohl… *(kneift die Augen zusammen und beugt sich näher zum Bildschirm)* es ist eigentlich nur eins, und das sieht ziemlich komisch aus!
Ganz fertig ist es auch noch nicht … doch, jetzt! *(schreit auf)* Aber was ist denn das??? Ich sehe wohl nicht richtig! DAISY DUCK!!!

# Sketche für Hochzeitstage

Hochzeitstage müssen einfach gefeiert werden. Und nichts ist dabei unterhaltender als kleine lustige Rückblicke auf die bisherige gemeinsame Zeit – und natürlich auch komische Ausblicke auf die noch kommenden (Ehe-) Jahre.

## Baumwolle statt Seide

**Dauer:** ca. 3 Minuten
**Personen:** die Freundinnen Anke und Stefanie, ca. 30 Jahre alt
**Requisiten:** Couch, Couchtisch und Sessel oder Tisch und Stühle, zwei gefüllte Weingläser
**Kostüme:** Freizeitkleidung oder bequeme Alltagskleidung nach Belieben

**Eingangsszene:** *Die beiden Freundinnen sitzen zusammen. Anke sieht die kummervoll vor sich hinstarrende Stefanie interessiert-besorgt an und beugt sich ihr entgegen.*

Anke: *(sanft)* Was ist denn los, Steffi?
Steffi: *(abwehrend)* Ach, lass mal! Ich habe nur schlechte Laune heute. Das gibt sich gleich wieder. Erzähl mal, was es bei dir Neues gibt. *(trinkt einen Schluck)*
Anke: *(wendet sich etwas von Stefanie ab)* Also, in der Klinik läuft alles ganz gut momentan. Meine neue Assistentin hat sich wirklich ganz ausgezeichnet eingearbeitet und nimmt mir eine Menge Arbeit ab. Peter und ich hatten vor zwei Tagen unseren fünften Jahrestag, und er hat mir einen Flug nach Paris geschenkt. Alles war sehr romantisch.
Steffi: *(müde)* Na, das ist doch toll!
Anke: Ich hatte eigentlich einen Heiratsantrag erwartet.
Steffi: *(aufstöhnend)* Um Gottes Willen! Lieber nach Paris!
Anke: *(erstaunt)* Moment mal! Du warst doch immer diejenige, die unbedingt heiraten wollte!
Steffi: Ich weiß.
Anke: Und ich dachte, alles sei im letzten Jahr so gut verlaufen zwischen dir und Bernd.
Steffi: Ist es ja auch!
Anke: Hattet ihr nicht vor kurzem euren ersten Hochzeitstag?

| | |
|---|---|
| Steffi: | *(trinkt hastig einen großen Schluck Wein aus ihrem Glas und stellt dieses dann ziemlich unsanft auf den Tisch zurück)* EBEN! |
| Anke: | Bernd hat ihn doch nicht etwa vergessen? |
| Steffi: | Nein. |
| Anke: | *(nachhakend)* Hat er dir nichts geschenkt? |
| Steffi: | *(sarkastisch)* O doch! |
| Anke: | Es lag also am Geschenk, ja? |
| Steffi: | *(wütend)* Bingo! |
| Anke: | *(neugierig)* Womit konnte er dich denn nur so verärgern? |
| Steffi: | *(genüsslich ihre Wut auskostend)* Rate doch mal! |
| Anke: | *(grübelnd)* Ein läppischer Blumenstrauß von der Tankstelle? |
| Steffi: | Falsch! |
| Anke: | Klebrige Pralinen, bei denen man schon vom Blick auf die Packung zunimmt? |
| Steffi: | Auch nicht! |
| Anke: | Unanständige Unterwäsche aus Seide und Spitze? |
| Steffi: | *(aufbrausend)* Eben nicht! |
| Anke: | *(aufhorchend)* Eben nicht? Wie meinst du das? |
| Steffi: | *(hochfahrend)* Von wegen Seide und Spitze! Bernd hat mir zu unserem allerersten Hochzeitstag drei riesige Baumwollschlüpfer mit Zwickel geschenkt, damit ich mich – wie er sagte – bis zur goldenen Hochzeit niemals verkühle!!! |

## Ganz allein zu zweit

**Dauer:** ca. 7–10 Minuten
**Personen:** ein junges Ehepaar, ca. 30, in Abendgarderobe
**Requisiten:** Tisch und zwei Stühle, mehrere Teller und Gläser, Tischtuch, Servietten, Besteck und Blumendekoration (alles sehr elegant und stilvoll wie in einem teuren Restaurant)

**Eingangsszene:** *Die beiden sitzen sich gegenüber, halten über den Tisch hinweg Händchen und sehen einander tief und verliebt in die Augen.*

Er: *(liebevoll)* Gefällt es dir hier?
Sie: *(sich glücklich im Raum umschauend)* Und wie es mir hier gefällt! Was für ein tolles Restaurant! Romantisch und stilvoll zugleich. Einen besseren Ort für unseren Hochzeitstag hättest du gar nicht aussuchen können. *(drückt seine Hand und lächelt ihn an)*
Er: *(zufrieden)* Das freut mich! Es soll ja auch ein besonders schöner Abend werden!
Sie: *(wohlig aufseufzend und sich zurücklehnend)* Das ist es auch! Der erste Hochzeitstag seit Jahren, den wir mal wieder ganz in Ruhe ohne die Kinder verbringen. *(da er nickt, schnell beteuernd)* Natürlich vermisse ich die beiden, und es hat mir auch wirklich nichts ausgemacht, in den letzten Jahren gemütlich zu viert zu Hause zu bleiben. *(drückt wieder seine Hand über den Tisch hinweg)* Aber so allein zu zweit ist es eben auch sehr schön!
Er: *(etwas in Gedanken)* Ganz allein.
Sie: *(lächelnd)* Zu zweit!
Er: *(etwas unkonzentriert)* Ganz allein zu zweit. Zu Hause.
Sie: *(etwas angespannt lächelnd)* Ich meinte eigentlich: Ganz allein zu zweit hier!
Er: *(sich konzentrierend und tapfer lächelnd)* Ja, natürlich!

Sie: *(runzelt die Stirn, entzieht ihm ihre Hand)* Du machst dir doch nicht etwa Sorgen um die beiden?

Er: *(etwas zu laut und nachdrücklich)* Natürlich nicht! Sie sind ja alt genug, um einmal ein paar Stunden allein zu bleiben.

Sie: *(etwas unruhig)* Tim ist immerhin acht und hat vorher schon manches Mal ein paar Stunden am Nachmittag auf Annette aufgepasst.

Er: *(nickend, leise)* Genau. *(wieder nachdenklich vor sich hinsprechend)* Manches Mal. Am Nachmittag.

Sie: *(unruhiger)* Und außerdem wollte Frau Maikowski im Laufe des Abends auch einmal nach den beiden schauen.

Er: *(fragend)* Frau Maikowski?

Sie: *(erklärend)* Unsere nette, alte, gehbehinderte Nachbarin von unten, erinnerst du dich nicht an sie?

Er: *(zwischen zusammengebissenen Zähnen)* Ja, alt und gehbehindert ...

Sie: *(nervös mit den Fingern auf einen der Teller trommelnd)* Für alle Fälle gibt es ja auch noch das Telefon!

Er: *(aufblickend)* Hast du Timmy denn auch unsere Handynummern in der Eile vorhin richtig aufgeschrieben?

Sie: *(beruhigend)* Ja, alle beide!

Er: Und du hast sie gut sichtbar neben das Telefon gelegt?

Sie: Natürlich! *(zögert kurz)* Vielleicht habe ich den Zettel auch neben das Aquarium gelegt, als ich mir noch schnell die Haare geföhnt habe ...

Er: *(erstarrend und mit schneidender Stimme)* Den Fön neben das Aquarium?

Sie: *(panisch)* Was? Fön? Aquarium!!! *(Beide springen plötzlich hektisch auf und stürmen von der Bühne)*

## Das verflixte Siebente

**Dauer:** ca. 10 Minuten
**Personen:** Linda und Björn, beide ca. 30, Lindas Eltern
**Requisiten:** Couch, Armbanduhr
**Kostüme:** schicker Hausanzug o. Ä. für Linda, eher schlampige Freizeitkleidung für Björn

**Eingangsszene:** *Linda und Björn sitzen einvernehmlich und in inniger Umarmung auf der Couch.*

Björn: *(nimmt ihre Hand)* Du glaubst gar nicht, wie glücklich ich mit dir bin!
Linda: *(ihn anlächelnd)* Ich bin auch sehr glücklich mit dir!
Björn: *(nachdrücklich)* Ich meine das ganz ernst! Die letzten sieben Jahre mit dir waren wirklich die schönsten meines Lebens!
Linda: Ich bin noch so verliebt wie am ersten Tag! Kaum zu glauben, dass wir schon sieben Jahre miteinander verheiratet sind!
Björn: *(nickend)* Auf den Tag heute genau sieben Jahre! *(küsst ihren Handrücken. Beide schweigen einen Moment. Versonnen)* Weißt du, was ich so an dir liebe?
Linda: *(in Gedanken)* Ich denke schon.
Björn: *(überrascht)* Was denn?
Linda: *(selbstsicher)* Meine kleinen Überraschungen!
Björn: *(lächelnd)* Die weniger ... Nein, ich dachte eher an deine einfühlsame Art.
Linda: Bin ich einfühlsam?
Björn: *(eifrig nickend)* O ja! Keiner versteht mich so wie du! Du weißt immer ganz genau, was ich mag und brauche!
Linda: *(bescheiden)* Wir sprechen ja auch viel über unsere Wünsche.
Björn: Aber auch wenn ich nichts sage, weißt du immer, was ich meine.
Linda: Hm.
Björn: Ein Beispiel ist unser heutiger Hochzeitstag!
Linda: *(aufhorchend)* Inwiefern?

| | |
|---|---|
| Björn: | Obwohl wir gar nicht weiter darüber geredet haben, wusstest du ganz genau, was ich heute am liebsten machen würde! |
| Linda: | *(interessiert)* Und das wäre? |
| Björn: | Andere Frauen hätten wahrscheinlich essen gehen, einen besonderen Ausflug, eine kleine Reise planen oder diesen besonderen Tag sogar mit ein paar Leuten feiern wollen ... |
| Linda: | *(sich räuspernd)* Das sind ja auch alles gute Ideen, oder? |
| Björn: | *(nickend)* Auf jeden Fall! Aber du kennst mich eben so gut und weißt, dass ich mir aus diesen Dingen nichts mache. |
| Linda: | *(rückt etwas von ihm ab)* Du nicht, aber ... |
| Björn: | *(sie wieder an sich ziehend)* In deiner einfühlsamen Art weißt du eben auch ohne meine Worte, wie es in mir aussieht. *(lächelt sie an)* Und zu zweit sind diese Tage eben einfach am allerschönsten, nicht wahr? *(Linda schweigt und lächelt nur etwas gequält. Aufmerksam nachhakend)* Das findest du doch auch, oder? |
| Linda: | *(sich räuspernd)* Ja, obwohl man nach sechs Hochzeitstagen zu zweit auch einmal etwas anderes machen könnte. |
| Björn: | *(beschwichtigend)* Sicher. Wir haben ja auch noch so viele gemeinsame Hochzeitstage vor uns! |
| Linda: | Was nicht heißt, dass wir bis zur Silberhochzeit warten müssen! |
| Björn: | Wenn schon! *(küsst sie)* Zu zweit ist's doch am gemütlichsten! *(steht auf)* Jetzt hol ich uns erstmal was zu trinken! |
| Linda: | *(auffahrend)* Du darfst aber nicht in die Küche! |
| Björn: | *(verständnisvoll)* Da hast du wohl eine kleine Überraschung für mich versteckt, was? *(sieht sie liebevoll an)* Du bist immer so einfühlsam! Keine Sorge, ich schaue nicht in die Speisekammer, sondern hole etwas *(augenzwinkernd)*, was ich vorhin im Kühlschrank nur für uns beide kalt gestellt habe. |
| Linda: | *(laut und ihn am Ärmel zurückhaltend)* Nein, das geht nicht! |
| Björn: | *(überrascht)* Warum nicht? Wollen wir denn zur Feier des Tages nicht ein Glas Champagner zusammen trinken? |
| Linda: | *(sich windend)* Doch schon, aber nicht sofort! |
| Björn: | *(etwas ungeduldig)* Du kannst ja noch warten, aber ich hol mir schon jetzt ein Gläschen. *(will wieder losgehen)* |

Linda: *(ihn erneut zurückhaltend und auf ihre Armbanduhr schauend)* Warte doch nur noch einen kleinen Moment!

Björn: *(verständnislos)* Worauf denn? Es ist schon gleich acht Uhr, wir haben nichts geplant und können es uns den ganzen Abend allein zu zweit gemütlich machen! *(Linda klammert sich stärker an seinen Ärmel, um ihn am Weggehen zu hindern, und lässt dabei ihre Armbanduhr nicht aus den Augen. Beunruhigt und leicht verärgert, versucht Björn, sich von ihr loszumachen)* Was ist denn los mit dir, und warum schaust du die ganze Zeit auf die Uhr?

Linda: *(ihn plötzlich loslassend, wobei Björn ins Schwanken gerät und beinahe fällt)* Jetzt ist es acht!

*(In diesem Moment kommen Lindas Eltern einträchtig eingehakt auf die Bühne. Die Mutter schaut ihnen strahlend entegegen. Der Vater schwenkt ein Paar Schlüssel)*

Vater: *(lachend)* Gut, dass wir eure Wohnungsschlüssel haben!

Mutter: *(glücklich)* Was für eine nette Idee von euch, uns zu eurem siebten Hochzeitstag einzuladen!

## Hundertprozentig himmlisch

**Dauer:** ca. 10 Minuten
**Personen:** Ehepaar mittleren Alters
**Mobiliar:** Frühstückstisch und zwei Essstühle
**Requisiten:** Frühstücksgeschirr und Frühstück nach Belieben, Zeitung
**Kleidung:** bequeme Bademäntel

**Eingangsszene:** *Die beiden sitzen am Tisch, frühstücken und sind in ihre Zeitungsseiten vertieft.*

Sie: *(frustriert)* Es ist echt deprimierend!
Er: *(weiter lesend)* Was denn?
Sie: *(seufzend)* Wir scheinen zu der immer mehr vom Aussterben bedrohten Gruppe der Ehepaare zu gehören, die ihr 25-jähriges Hochzeitsjubiläum noch gemeinsam verbringt. Es ist einem ja schon fast peinlich zuzugeben, dass man seit 25 Jahren noch mit derselben Person verheiratet ist.
Er: Glücklich verheiratet!
Sie: *(seufzend)* Davon scheint in dieser Umfrage keine Rede zu sein!
Er: Was ist denn das für eine Umfrage?
Sie: Es geht um Ehepaare nach einigen gemeinsamen Ehejahren ... hör mal hier: Jede dritte Ehe wird heutzutage geschieden, Tendenz zunehmend. 80 % aller Ehepaare unterhalten sich durchschnittlich nur noch zehn Minuten täglich miteinander, und 70 % unternehmen nur noch am Wochenende oder im Urlaub etwas Gemeinsames, abgesehen vom Essen!
Er: *(Kopf schüttelnd)* Das hört sich ja furchtbar an!
Sie: *(fortfahrend)* 85 % gaben zu, dass sie nur mit ihrem Partner zusammenblieben, weil sie Angst vor dem Alleinsein hätten, und 78 % gaben an, dass sie hin und wieder bis regelmäßig von Seitensprüngen träumten ...
Er: *(Kopf schüttelnd)* Was für ein Elend!
Sie: *(seufzend)* 68 % fühlen sich voneinander häufig genervt oder ignoriert oder beides, 82 % erinnern sich schneller an den Namen ihres ersten Haustieres als an den zweiten Vornamen ihres Ehepartners, und ...
Er: *(sie unterbrechend)* Grauenhaft! Gibt es denn keine aufbauenden Ergebnisse in deiner Untersuchung?
Sie: *(eifrig die Seiten ihrer Zeitung durchblätternd, zögernd)* Aufbauend ...? Ich weiß nicht ... Hier steht etwas ...
Er: *(auffordernd)* Lies mal vor!
Sie: *(zögerlich)* Also eigentlich finde ich hier nur noch zwei Zahlen: 80 % glauben, dass sie ohne Humor ihre Ehe nicht überleben würden ...

| | |
|---|---|
| Er: | *(bemüht)* Na, das ist doch schon etwas positiver! |
| Sie: | Und alle 100 % sind der Meinung, dass sie nach den Mühen der Ehe später in den Himmel gelangen müssten. |
| Er: | *(erfreut)* Na bitte! 100 % glauben also, die Ehe sei trotz allem ein himmlischer Zustand! Volltreffer! |
| Sie: | *(skeptisch)* Ich weiß nicht, ob das so gemeint war … |
| Er: | *(überzeugt)* Na, wie denn sonst! *(nimmt ihr die Zeitungsseiten aus den Händen und beugt sich zu ihr über den Esstisch)* Jetzt vergiss diese dumme Untersuchung und lass uns lieber zusammen überlegen, was wir morgen zu unserem 25-jährigen Hochzeitstag unternehmen können. *(Sie schaut ihm etwas verzweifelt entgegen. Er nimmt ihre Hand)* Mach dir mal keine Sorgen um unsere Ehe! Auf jeden Fall werden wir auch morgen noch länger als zehn Minuten miteinander reden *(verschmitzt)* – und sei es auch nur, um herauszufinden, wie mein erster Goldhamster hieß … nicht wahr, Sophie Charlottchen? |

## Ruhig und entspannt

**Dauer:** ca. 3 Minuten
**Personen:** Sascha, ca. 50, und Monika, seine Frau
**Requisiten:** geknotetes Lendentuch, Kerze

**Eingangsszene:** *Sascha sitzt mit dem Gesicht zum Publikum in Yogi-Haltung auf dem Boden: Die Beine sind verschränkt, die aufgerichteten Ellenbogen ruhen auf den Knien, in jeder Hand berühren sich Zeigefinger, Mittelfinger und Daumen und weisen nach oben. Saschas Oberkörper ist unbekleidet, er trägt nur ein knappes Lendentuch. Vor ihm steht eine brennende Kerze.*

| | |
|---|---|
| Sascha: | *(mit geschlossenen Augen halblaut)* Ich bin ganz ruhig und entspannt. *(atmet laut ein und aus, wobei sich sein Brustkorb hebt* |

*und senkt)* Ich denke an nichts ... *(hält plötzlich den Atem an)* Naja, abgesehen von meinem Hochzeitsjubiläum morgen ..., *(schlägt kurz die Augen auf)* aber eigentlich *(atmet wieder aus)* bin ich *(gedehnt)* ganz entspannt ... *(schließt die Augen wieder und murmelt schnell)* Nur eigentlich, Monika ist seit Tagen ein Nervenbündel wegen der vielen Gäste, die Kinder sind wie immer nur mit ihren eigenen Dingen beschäftigt, Opa und Oma erzählen uns von früh bis spät lustige Anekdoten von Pannen auf anderen Hochzeitsjubiläen, und unseren Kater kann auch keiner mehr finden in dem Chaos! *(zieht die Schultern hoch, neigt den Kopf von einer Seite zur anderen und atmet wieder ein und aus, wobei sich sein Brustkorb deutlich hebt und senkt. Mit geschlossenen Augen, langsam, dann immer schneller)* Ich bin ganz ruhig und entspannt, ganz ruhig und entspannt, ganz ruhig und entspannt ..., zum Teufel! Ganz konfus und verspannt!!! *(schlägt sich mit einer Hand aufs Knie, öffnet die Augen und sackt etwas nach vorne. Nervös)* Hoffentlich hat Monika die Tischordnung noch einmal umgestellt! Wie konnte sie nur auf die Idee kommen, Onkel Heinz neben Tante Mary zu setzen! Das gibt doch Mord und Totschlag! *(reißt sich zusammen und nimmt wieder seine gerade Ausgangshaltung ein. Um Ruhe bemüht)* Mich stört das ja alles nicht, denn ich bin *(betont)* gaaaaaanz ruuuuuuhig und entspaaaannt! *(zuckt kurz zusammen und greift sich ans Herz. Mit gequältem Gesichtsausdruck)* Diese Nervosität wird mich am Vortag meiner silbernen Hochzeit noch umbringen! *(nimmt mühsam seine Position ein und beginnt wieder ein- und auszuatmen. In diesem Moment kommt Monika auf die Bühne gestürmt)*

Monika: *(wütend)* Hier bist du! *(ihn entsetzt musternd)* Ist denn das zu fassen? Die ganze Familie weiß nicht mehr, wo ihr der Kopf steht bei all der Arbeit für morgen, und du sitzt hier mit leerem Kopf und meditierst ganz ruhig und entspannt!

## Einzigartig und unvergänglich

**Dauer:** ca. 10 Minuten
**Personen:** Reinhart und seine Frau Stefanie, beide Ende 40
**Requisiten:** Wohnzimmereinrichtung nach Belieben

Reinhart: *(aus dem Off)* Hallo Schnäuzchen, ich bin es!
Stefanie: *(aufgeregt)* Schön, dass du kommst.
Reinhart: Bin schon da! *(kommt schwungvoll ins Zimmer, geht auf sie zu und küsst sie)* Alles Liebe und Gute zum Hochzeitstag!
Stefanie: *(sich an ihn schmiegend)* Das wünsche ich dir auch!
Reinhart: Ich habe etwas ganz Besonderes für dich, Liebling! Einzigartig und unvergänglich wie unsere Liebe!
Stefanie: *(freudig)* Unvergänglich und einzigartig? *(aufgeregt)* Ein Diamantenhalsband?
Reinhart: *(abwinkend)* Viel besser!
Stefanie: *(nervös von einem Fuß auf den anderen tretend)* Ein Brillantring?
Reinhart: *(leicht vorwurfsvoll)* Einzigartig und unvergänglich, habe ich doch gesagt!
Stefanie: Aber Diamanten und Brillanten sind doch …
Reinhart: *(unterbricht sie, siegessicher)* Darauf kommst du nie!
Stefanie: *(mit suchendem Blick)* Wo ist es denn? Ich sehe gar kein Päckchen …
Reinhart: *(laut und triumphierend)* Es gibt auch kein Päckchen! *(reißt seinen Pullover hoch und enthüllt seine nackte Brust, auf die quer von links nach rechts der Schriftzug STEFANIE FOREVER tätowiert ist. Stefanie starrt entsetzt darauf und fällt dann mit einem spitzen Schrei in Ohnmacht)*

## Aus der Ferne

**Dauer:** ca. 10 Minuten
**Personen:** Frau Hedwig und Frau Bogner, beide ca. 50
**Kostüme:** normale Straßenkleidung
**Requisiten:** gefüllte Einkaufskörbe oder -tüten

**Eingangsszene:** *Frau Hedwig und Frau Bogner kommen vom Einkaufen und treffen in der Mitte der Bühne aufeinander. Sie stellen ihre Einkaufstüten oder -körbe ab und beginnen ein Gespräch.*

| | |
|---|---|
| Frau Hedwig: | *(schnaufend)* Was für ein Geschleppe jedes Mal! |
| Frau Bogner: | *(die Hand in die Hüfte gestützt)* Das können Sie laut sagen! Hätte ich gewusst, dass es so viel wird, hätte ich das Rad genommen! |
| Frau Hedwig: | *(nickend)* Meins ist immer noch kaputt, und mit dem Auto bekommt man ja nie einen Parkplatz. |
| Frau Bogner: | *(neugierig auf die Tüten zeigend)* Erwarten Sie Besuch am Wochenende? |
| Frau Hedwig: | Nein, eigentlich nicht. Mein normaler Wochenendeinkauf ist dieses Mal nur etwas ausgeufert. |
| Frau Bogner: | *(nickend)* Ich dachte nur. Letzte Woche habe ich meine Nachbarin, Frau Schube, im Supermarkt getroffen. Sie glauben gar nicht, was die alles eingekauft hat! Drei volle Einkaufswagen hat sie zur Kasse geschoben. Eine echte Zumutung für die anderen Käufer! |
| Frau Hedwig: | *(verständnisvoll)* Bestimmt hat sie ein großes Fest vorbereitet. |
| Frau Bogner: | *(eifrig nickend)* Ihre silberne Hochzeit! |
| Frau Hedwig: | Na sehen Sie. Wahrscheinlich kamen viele Gäste, und sie brauchte eine ganze Menge! |
| Frau Bogner: | *(eifrig)* 75 Personen habe ich gezählt! Das muss man sich erst einmal leisten können! Und sogar ihr Exmann mit seiner neuen Frau und den drei Kindern war da. |

Frau Hedwig: Hm.
Frau Bogner: Zwei der Kinder sehen ihm und seiner Frau ja sehr ähnlich, aber das kleine Mädchen ist ziemlich dunkel. *(verschwörerisch)* Wer weiß, von wem die Frau das hat!
Frau Hedwig: *(etwas angewidert)* Man sollte aber vorsichtig sein mit solchen Unterstellungen.
Frau Bogner: *(die Augenbrauen hochziehend)* Ich hab da nur so ein komisches Gefühl, zumal seine Frau auch die ganze Zeit um Frau Schubes jüngeren Bruder herumscharwenzelte, während ihr Mann am Büfett stand.
Frau Hedwig: Waren Sie denn auch dort?
Frau Bogner: Ja! Alle! Die ganze Sippe ist aus Australien extra für das 25. Jubiläum angeflogen. Und dabei ist ihr Bruder doch seit Monaten arbeitslos, und seine Frau hat auch nur eine Halbtagsstelle, wegen der Kinder. Bestimmt haben die Schubes alle Flüge bezahlt. Naja, die haben's ja!
Frau Hedwig: Ich meinte eigentlich, ob Sie *(zeigt auf Frau Bogner)* auch dort waren? Ich wusste gar nicht, dass Sie Ihre Nachbarin so gut kennen.
Frau Bogner: *(überrascht)* Wer? Ich?
Frau Hedwig: Ja, weil Sie alles so genau wissen und alle Kleinigkeiten beobachten konnten!
Frau Bogner: *(eifrig)* A propos beobachten: Sie glauben gar nicht, wie die Gäste sich die Teller vollgeladen haben. Man freut sich ja, wenn es allen schmeckt, aber diese Leute waren wirklich peinlich. Frau Schubes Vater hat sich auf einen Schlag sechs Scheiben Lachs genommen, was seinem Cholesterinspiegel bestimmt gar nicht gut tut, und seine Frau hat mindestens drei Stück Torte verdrückt, davon sogar eins von der, die links außen auf dem Büfett stand und *(sich angeekelt schüttelnd)* voller Buttercreme war! Vor den Augen aller anderen! Und dabei ist sie schon so dick!
Frau Hedwig: *(sich distanzierend)* Vielleicht essen die beiden sonst nicht so gute Dinge, und schließlich ist eine silberne Hochzeit ja auch

| | |
|---|---|
| | eine Ausnahme. Wenn Sie alle Leute dort so schrecklich fanden, warum sind Sie denn dann nicht nach Hause gegangen? |
| Frau Bogner: | *(überrascht)* Nach Hause? Aber da war ich doch! |
| Frau Hedwig: | *(erstaunt)* Wie konnten Sie denn dann aus der Ferne jede Einzelheit von nebenan erkennen? |
| Frau Bogner: | *(drucksend)* Naja, ... aus der Ferne sieht man auch so einiges, ... wenn man lange genug ... |
| Frau Hedwig: | *(nachforschend)* Aber man kann von Haus zu Haus ja wohl kaum die Lachsscheibchen auf den Gästetellern zählen oder eine Buttercremetorte im Handumdrehen identifizieren! |
| Frau Bogner: | *(einlenkend)* Naja, nicht mit bloßem Auge natürlich, das stimmt! |
| Frau Hedwig: | *(entsetzt)* Aber Frau Bogner! Was wollen Sie denn damit sagen? |
| Frau Bogner: | *(schnippisch)* Was ist denn schon dabei? Ich vertreibe mir die Zeit eben manchmal mit meinem kleinen Fernglas, das mir mein Mann zu unserer eigenen Silberhochzeit vor einem Jahr geschenkt hat. Eigentlich war es für gemeinsame Naturerkundungen gedacht, aber er hat ja immer so viel zu tun, und ich finde es sowieso viel spannender, das Leben in der Stadt zu beobachten als irgendwelche Vögel und Käfer im Wald! *(Frau Hedwig schaut sie mit offenem Mund entsetzt an, woraufhin Frau Bogner ihre Einkaufstüten nimmt und eilig mit erhobenem Kopf an ihr vorbeigeht. Im Vorbeigehen:)* Wir sehen uns bestimmt demnächst! |
| Frau Hedwig: | *(sarkastisch)* Aber dann hoffentlich wieder von Angesicht zu Angesicht und nicht aus der Ferne! |

## Ach, Bärbel

**Dauer:** ca. 12–15 Minuten
**Personen:** Thorsten und Ruth, ein Ehepaar mittleren Alters, ihre Zwillinge Ute und Tim, 7
**Mobiliar:** Wohnzimmereinrichtung
**Kostüme:** festliche Abendkleidung für das Ehepaar, Schlafanzüge für die Kinder
**Requisiten:** Handtasche für Ruth, zwei Gläser, ein Teller mit einem belegten Brot, eine Tasse

**Eingangsszene:** *Die Eltern schleichen über die Bühne. Thorsten legt einen Finger an die Lippen, Ruth nickt verständnisvoll.*

Ruth: *(flüsternd)* Ich glaube, wir können jetzt gehen!
Thorsten: *(nickend)* Ich habe gerade noch einmal nachgeschaut. Bärbel liest ihnen noch eine Geschichte vor, und die beiden werden gleich eingeschlafen sein. *(Sie gehen langsam weiter)*
Ute: *(Schrei aus dem Off)* Mami!
Ruth: *(stehen bleibend)* Zu früh gefreut! *(geht in Richtung der Stimme über die Bühne zurück. Ute kommt ihr entgegen)*
Ute: *(sich verschlafen die Augen reibend)* Ich habe Hunger!
Ruth: *(überrascht)* Aber wir haben doch erst vor einer halben Stunde zusammen Abendbrot gegessen!
Ute: *(müde)* Ich habe aber noch Hunger!
Thorsten: *(ermahnend)* Du hast doch aber schon zwei Brote gegessen!
Ute: *(nörgelnd)* Ich habe aber immer noch Hunger!!
Ruth: *(besänftigend)* Also gut, ich hole dir schnell noch ein Brot *(ab)*
Thorsten: *(Ute in den Arm nehmend)* Das Brot isst du aber in deinem Zimmer mit Bärbel, einverstanden! Sie ist extra gekommen, um heute Abend auf euch aufzupassen! *(Ute nickt. Ruth kommt mit einem Teller zurück, auf dem ein belegtes Brot liegt)*
Ruth: *(freundlich, aber bestimmt)* Hier, mein Schatz! *(reicht Ute den Teller und klopft ihr auf den Po)* Jetzt aber ab ins Bett!

*(Ute geht ab. Zu Thorsten)* Jetzt aber los, sonst kommen wir noch zu spät zur silbernen Hochzeit von Onkel Jürgen und Tante Inge. *(Thorsten nickt, und die beiden machen sich wieder auf den Weg. Plötzlich läuft Tim auf die Bühne)*

Tim: *(weinerlich)* Das ist fies!

Thorsten: Tim! Du solltest längst schlafen!

Tim: *(protestierend)* Es ist aber ungerecht!

Ruth: Was ist fies und ungerecht?

Tim: Ute hat noch etwas zu essen bekommen und ich nicht!

Ruth: Wir dachten ja auch, dass du schon schläfst!

Tim: *(nörgelnd)* Das habe ich ja auch, aber sie hat so laut geschmatzt, dass ich wieder aufgewacht bin! Jetzt habe ich auch Hunger, aber sie gibt mir nichts ab!

Ruth: *(seufzend)* Gut, ich mache dir auch noch schnell ein Brot!

Thorsten: *(kopfschüttelnd)* Wo ist denn eigentlich Bärbel? *(Ruth nimmt Tim an die Hand und geht mit ihm ab. Kurze Zeit später kommt sie allein zurück)*

Ruth: Ich kann Bärbel nicht finden. Wahrscheinlich ist sie auf der Toilette. Die beiden essen jetzt ihre Brote, und dann ist Bärbel ja wieder bei ihnen! *(Sie wollen losgehen. Ute und Tim laufen wieder auf die Bühne)*

Ute: Mami, ich habe Durst!

Tim: Ich auch! Können wir Saft haben?

Thorsten: *(verärgert)* Das ist ja kein Wunder nach all den Broten heute Abend!

Ruth: *(nervös auf die Uhr schauend)* Ja, aber schnell jetzt! *(nimmt beide Kinder an die Hand und geht mit ihnen ab)*

Thorsten: *(zu sich)* Mal sehen, was den beiden als nächstes einfällt!

Ruth: *(kommt zurück)* So, jetzt ist alles in Ordnung! Ich weiß wirklich nicht, was Bärbel so lange im Badezimmer macht ...

Thorsten: *(ärgerlich)* Wofür bezahlen wir eine Babysitterin, wenn sie im richtigen Moment nicht zur Stelle ist?

Ruth: *(einlenkend)* Die letzten Male hat doch immer alles gut geklappt! *(Thorsten brummt, und die beiden machen sich wie-*

| | |
|---|---|
| | der ans Fortgehen, woran sie jedoch wiederum durch lautes Rufen gehindert werden) |
| Ute: | Mami, ich muss mal! |
| Thorsten: | *(laut und genervt)* Hach! |
| Ute: | *(läuft auf die Bühne, hält die Hand zwischen die zusammengepressten Beine)* Ich muss mal Pipi! *(Tim läuft mit gleicher Gestik auf die Bühne und stellt sich neben seine Schwester)* |
| Ruth: | *(streng)* Du auch? *(zu beiden)* Warum seid ihr nicht vorhin auf die Toilette gegangen? |
| Ute: | *(weinerlich)* Das konnten wir doch nicht! |
| Thorsten: | *(streng)* Und warum nicht? |
| Tim: | *(mit verzerrtem Gesicht und von einem Bein aufs andere trippend)* Bärbel ist doch im Badezimmer! |
| Thorsten: | Dann wartet ihr eben einen kurzen Moment, bis sie fertig ist, und geht dann ins Bad! |
| Ruth: | *(die beiden Kinder nach draußen schiebend)* Genau! Wir müssen jetzt jedenfalls wirklich los, es ist schon sehr spät, und Tante Inge wird schon ganz wütend sein! *(Die Kinder sträuben sich)* |
| Ute: | *(schluchzend)* Dann muss ich mir eben wieder in die Hosen machen! |
| Tim: | *(störrisch)* Wie bei den letzten Malen! |
| Ruth: | In die Hosen machen? Bei welchen letzten Malen? |
| Thorsten: | *(skeptisch)* Ich habe noch nie nasse Sachen bei euch gesehen! |
| Tim: | Wir hängen sie immer aus dem offenen Fenster, damit sie schnell trocknen! |
| Thorsten: | *(entsetzt)* Aus dem offenen Fenster? Wir wohnen in der 12. Etage!!! Wo war denn Bärbel ...? |
| Tim: | *(verächtlich abwinkend)* Ach, Bärbel! |
| Ute: | *(erklärend)* Die schließt sich doch immer sofort im Badezimmer ein, nachdem ihr gegangen seid, und liest die ganze Nacht Krimis! *(Das Ehepaar sieht sich entsetzt an)* |

# Schön offen lassen!

**Dauer:** ca. 15 Minuten
**Personen:** Zahnarzt Dr. Weichelt, seine Helferin Brigitte und die Patientin Frau Pilz, ca. 40–50
**Requisiten:** nach hinten verstellbarer »Zahnarztstuhl« oder »-sessel«, kleiner Beistelltisch, kleine zahnmedizinische Geräte, z. B. Mundspiegel, kleiner Bohrer bzw. Attrappen davon, Zahnbürste, Mundspülbecher, kleine Tiegel und Fläschchen auf dem Beistelltisch, Karteikarte und Stift
**Kostüme:** weiße Kittel für Arzt und Helferin, zwei Paar Gummihandschuhe

**Eingangsszene:** *Die Helferin Brigitte stellt sorgfältig Fläschchen und Tiegel auf dem Beistelltisch zusammen. Dr. Weichelt und Frau Pilz betreten die Bühne.*

| | |
|---|---|
| Dr. Weichelt: | Es freut mich, dass wir doch noch einen Ersatztermin in dieser Woche finden konnten. |
| Frau Pilz: | *(temperamentvoll, laut und schnell)* Ja, mich auch! Tut mir Leid, dass ich den Termin letzte Woche so kurzfristig absagen musste, aber vor unserer silbernen Hochzeit gab es dann doch noch *(verdreht die Augen theatralisch)* soooo viel zu erledigen. |
| Dr. Weichelt: | *(überrascht)* Ihr 25-jähriges Hochzeitsjubiläum haben Sie gefeiert? *(drückt ihr die Hand)* Herzlichen Glückwunsch! Hatten Sie eine schöne Feier, viele Gäste? *(weist auf den Stuhl)* Bitte, nehmen Sie Platz! |
| Frau Pilz: | *(sich auf den Stuhl setzend, Atem schöpfend und begeistert gestikulierend)* Ach, es war ganz wunderschön. Obwohl am Anfang … |
| Dr. Weichelt: | *(sie unterbrechend)* Mund öffnen, bitte. *(zu seiner Assistentin)* Es kann losgehen, Brigitte. *(zieht sich ein Paar Handschuhe über und reicht das andere Brigitte, die es ihm nachtut. Frau Pilz öffnet den Mund. Passende Instrumente wählend und die* |

*Zähne seiner Patientin sorgfältig inspizierend)* Eine schöne Feier also, hm? Am Anfang ist man natürlich etwas besorgt, ob auch alles richtig klappt, sich alle verstehen, das Büfett rechtzeitig eintrifft, die Getränke kalt genug sind ... *(Frau Pilz versucht zu sprechen und dabei den Mund offen zu halten, was zu unverständlichem Gemurmel führt)* Schön offen lassen, bitte. Auch mit der festgelegten Sitzordnung kann es ja Probleme geben, denn so mancher Onkel will nicht neben der Schwiegermutter sitzen oder umgekehrt, und die kleinen Krabbler und Schreier in der Familie müssen ja auch irgendwo untergebracht werden. Bestimmt hatten Sie eine Menge Gäste! *(Frau Pilz nickt lebhaft und versucht wieder, etwas zu sagen. Tadelnd)* Nicht sprechen und schön offen lassen! Man darf bei solchen Feierlichkeiten ja auch keinen vergessen, das stimmt schon. Das gibt dann nur übles Getratsche im Nachhinein! *(Frau Pilz meldet sich mit dem Finger, um etwas zu sagen. Nickend)* Verstehe schon! Das ist also trotz Ihrer guten Vorsätze passiert! Ach, was soll's! Manche Mitglieder der Familie verhalten sich einfach unmöglich auf solchen Festen und wenn sie diese dann gar nicht erst einladen, ersparen Sie sich eine Menge Ärger! Hatten Sie denn Hilfe bei den Vorbereitungen? *(zu Brigitte)* Bitte mal Wasser in den Becher! *(Brigitte drückt auf einen imaginären Knopf auf dem Beistelltischchen neben dem Mundspülbecher. Zu Frau Pilz)* Bitte mal spülen!

Frau Pilz: *(schnell spülend und dann übersprudelnd zu Dr. Weichelt)* Ja, meine Schwester, mit der ich mich ja sonst gar nicht so gut ...

Dr. Weichelt: *(sie wiederum unterbrechend)* Schön zurücklehnen, Frau Pilz, und den Mund wieder weit öffnen! *(drückt sie schnell, aber sanft und freundlich lächelnd in die Stuhllehne zurück und kommt auch sogleich mit seinem Besteck näher. Frau Pilz gibt nach und öffnet den Mund. Er klopft jetzt mit einem kleinen Hämmerchen o. Ä. ihre Zähne ab, wobei Frau Pilz jedes Mal kurz zusammenzuckt)* Die liebe Schwester hat also alles organisiert? Obwohl Sie beide früher immer Rivalinnen gewesen sind?

*(besserwisserisch)* Das kommt bei Geschwistern mit geringem Altersunterschied, besonders bei Mädchen, ja häufiger vor! *(Frau Pilz versucht wieder zu sprechen, was ihr aber nicht gelingt. Tadelnd)* Mund offen lassen! In wichtigen Momenten kann man sich dann aber doch auf die engste Familie verlassen, nicht wahr? *(Frau Pilz hebt eine Hand und winkt widersprechend von rechts nach links)* Trotzdem ging vieles schief? Schlechtes Essen, keiner wollte am Unterhaltungsprogramm teilnehmen, und die bestellten Musiker sagten im letzten Moment ab? Das ist natürlich schlimm, aber das hätte Ihre Schwester doch auch nicht ahnen können! *(Frau Pilz gestikuliert jetzt mit beiden Händen und versucht wieder zu sprechen)* Nicht sprechen, Frau Pilz, und schön offen lassen! Ich verstehe schon, dass Sie wütend sind und ihrer Schwester die Schuld an allem geben, aber sie hat diese Pannen doch nicht beabsichtigt! Die Organisation einer solchen Feier ist bestimmt nicht einfach, und insgesamt wurde es doch trotzdem noch eine schöne Feier. *(ihr beruhigend die freie Hand auf die Schulter legend)* Das haben Sie doch selbst gesagt! *(Frau Pilz lässt resigniert die Hände sinken. Aufmunternd auf ihre Schulter klopfend)* Machen Sie sich nichts aus diesen kleinen Pannen! Die gehören doch mit dazu und *(betont fröhlich)* bei Ihrer goldenen Hochzeit erinnert sich dann kein Mensch mehr daran! *(Frau Pilz bleibt stumm. Zu Brigitte)* Brigitte, geben Sie mir bitte mal das Stäbchen mit der Lösung. *(Brigitte reicht ihm ein Stäbchen, das sie vorher in ein Fläschchen getaucht hat)* So, Frau Pilz. Alles ist soweit in Ordnung. Ich möchte Ihnen nur noch ein paar Tropfen dieser Lösung auf Ihre sehr empfindlichen Zahnhälse geben – schön offen lassen, den Mund –, und dann sind wir fertig. *(bepinselt die Zahnhälse seiner Patientin und gibt das Stäbchen dann an Brigitte zurück. Mit gestraffter Haltung)* So, das war's für heute, Frau Pilz! *(Frau Pilz steht auf, holt tief Luft und macht den Mund auf, um etwas zu sagen, aber er legt sofort beschwörend einen Zeigefinger an seine Lippen)* Pst! Die

Tinktur muss jetzt erst einmal fünf Minuten einwirken. Nicht sprechen, und den Mund schön geschlossen halten! *(legt väterlich einen Arm um ihre Schulter und geleitet sie über die Bühne. Frau Pilz hat die Lippen zusammengekniffen und läuft mit herabhängenden Schultern neben ihm her. Ihr freundlich die Hand zum Abschied reichend)* Wir sehen uns dann in einem halben Jahr wieder! Bis dahin alles Gute, Frau Pilz! *(Frau Pilz geht ab, und Dr. Weichelt kommt kopfschüttelnd zurück zu Brigitte, die inzwischen wieder Ordnung auf dem Tischchen hergestellt hat und eine Karte ausfüllt)* Was die Patienten immer für Geschichten zu erzählen haben!!! *(kopfschüttelnd)* Ganze Bücher könnte ich damit füllen.

## Alles im Griff!

**Dauer:** ca. 7 Minuten
**Personen:** Frau Ralf und ihr Mann, ihre beiden Kinder Sarah und Toni, 6 und 5, Beate, eine Freundin der Ralfs
**Kostüme:** festliche, nachmittägliche Ausgehkleidung
**Requisiten:** Seile, Mullbinden, Handschellen
**Ton:** Türklingeln

**Eingangsszene:** *Aus dem Off ertönt ein Türklingeln. Frau und Herr Ralf laufen gemeinsam über die Bühne ins Off und kommen mit ihrer Freundin Beate zurück auf die Bühne.*

| | |
|---|---|
| Frau Ralf: | *(erfreut zu Beate)* Schön, dass du uns mitnehmen kannst! |
| Herr Ralf: | *(nickend)* Das ist wirklich nett! |
| Beate: | Das ist doch gar kein Problem! Eure Wohnung liegt ja nun wirklich auf meiner Strecke, und genug Platz habe ich auch im Auto. *(zu Frau Ralf)* Du willst sicher auf dem Rücksitz sitzen und kannst dann eins der Kinder auf den Schoß nehmen. |

| | |
|---|---|
| Frau Ralf: | *(etwas verbissen)* Ich soll nach hinten? |
| Beate: | *(verwundert)* Ja, ich dachte nur … Mir ist das natürlich egal … *(zu Herrn Ralf)* Du kannst sonst auch … |
| Herr Ralf: | *(schroff)* Auf keinen Fall werde ich hinten sitzen! Das habe ich letztes Mal, als sie mitmussten. *(zu Frau Ralf)* Heute bist du dran! |
| Frau Ralf: | *(ergeben, nicht erfreut)* Schon gut! *(zu der erstaunten Beate)* Keine Sorge, es wird schon alles gut gehen! |
| Herr Ralf: | *(wieder entspannt und ebenfalls beruhigend zu Beate)* Es ist ja auch nur ein ganz kurzer Weg! |
| Beate: | Eigentlich könnten wir ja laufen bei diesem schönen Wetter! |
| Frau und Herr Ralf: | *(energisch aus einem Munde)* Auf keinen Fall! |
| Beate: | *(belustigt)* Ich dachte, die beiden sind schon aus dem Krabbelalter raus! Geht ihr denn nie zusammen zu Fuß irgendwohin, wenn zum Beispiel wie heute der Wagen kaputt ist? |
| Frau und Herr Ralf: | *(aus einem Munde)* Niemals! |
| Beate: | *(unwohl)* Ach so! *(sieht sich suchend um)* Wollen wir dann langsam los? Ich habe nämlich keinen Parkschein gelöst, und bis ihr mit den Kindern fertig seid … |
| Herr Ralf: | *(schnell)* Die Kinder sind fertig! |
| Frau Ralf: | *(mit einem fragenden Seitenblick)* Sind sie das? |
| Herr Ralf: | *(stolz nickend)* Jawohl! Ich habe alles vorbereitet! |
| Beate: | *(bemüht)* Märchenkassetten und ein paar Bilderbücher habe ich auch noch im Auto! |
| Herr Ralf: | *(abschätzig)* Märchenkassetten und Bilderbücher! *(Beate schaut ihn verwundert und ein bisschen beleidigt an)* |
| Frau Ralf: | *(einlenkend ihren Arm tätschelnd)* Lieb gemeint, aber wir haben dieses Mal wirklich an alles gedacht. |
| Beate: | *(verwundert)* Ihr tut so, als seien die beiden kleine Monster! Auf Bärbels Taufe war ja wohl so einiges los mit den beiden, wie mir erzählt wurde, aber so schlimm kann es doch auch wieder nicht gewesen sein! |
| Frau Ralf: | *(weinerlich)* Hast du eine Ahnung! |
| Herr Ralf: | *(ebenfalls weinerlich)* Das kann sich keiner vorstellen! |

| | |
|---|---|
| Frau Ralf: | *(Haltung annehmend und zu ihrem Mann)* Jetzt hol sie mal, sonst kommen wir noch zu spät! |
| Herr Ralf: | *(sich die Ärmel aufkrempelnd, in die Hände spuckend)* An die Arbeit! *(geht entschlossenen Schrittes über die Bühne. Beate schaut immer verwunderter)* |
| Frau Ralf: | *(lächelnd)* Dieses Mal haben wir wirklich alles im Griff! Eine Taufe ist ja schon ein feierlicher Anlass, aber die goldene Hochzeit meiner Eltern wird nicht wieder so ein Reinfall werden! *(Beate wieder den Arm tätschelnd)* Wir haben wirklich alles im Griff, keine Sorge! *(laut ins Off rufend)* Kommst du klar? |
| Herr Ralf: | *(mit angestrengter Stimme aus dem Off, wie unter großer körperlicher Belastung)* Ja, ich schaff das schon! *(kommt über die Bühne auf die beiden Frauen zu. Unter jedem Arm trägt er ein Kind, das gefesselt und geknebelt ist und unverständliche Töne ausstößt)* Wir sind soweit! Es kann losgehen! |

## Große Pläne

**Dauer:** ca. 10–15 Minuten
**Personen:** Vater, Mutter, Tochter Doris und Sohn Tobias, ca. 17 und 12
**Requisiten:** Wohnzimmereinrichtung, z. B. Couch mit Sesseln und Ablagetisch, Esstisch mit Stühlen und ein Telefon, zwei Bücher, Gläser und/oder Tassen, Stifte, Malblock, Computerspiel o. Ä.
**Kostüme:** Alltagskleidung nach Belieben
**Ton:** leise Hintergrundmusik nach Belieben, Telefonklingeln

**Eingangsszene:** *Die Familie sitzt einträchtig zusammen, und jeder geht seiner Beschäftigung nach: Vater und Mutter lesen in ihren Büchern, Tobi spielt mit seinem Computerspiel, dessen Piepsgeräusche den anderen Familienmitgliedern Anlass zu*

*Murren und Stöhnen gibt. Doris malt am Tisch auf einem Block. Etwas entfernt steht das Telefon.*

Vater: *(legt sein Buch beiseite und schaut von einem zum anderen)* Da wir gerade einmal vollzählig versammelt sind, sollten wir uns endlich über Opas und Omas goldene Hochzeit Gedanken machen. *(Die drei anderen nicken schweigsam vor sich hin. Keiner blickt hoch oder unterbricht seine Tätigkeit. Bekräftigend)* Nun kommt schon! Viel Zeit haben wir nicht mehr für die Planung.

Mutter: *(legt seufzend ihr Buch beiseite und wendet sich ihrem Mann zu)* Ich finde, du hast Recht. In knapp vier Wochen feiern die beiden ihren 50. Hochzeitstag, und wir wollten doch etwas organisieren.

Doris: *(aufblickend)* Was denn? Eine Reise?

Vater: *(abwinkend)* Nein, das Risiko, dass etwas passieren könnte, ist zu groß in ihrem Alter.

Tobias: *(weiter mit seinem Spielzeug beschäftigt)* Aber sie unternehmen doch noch eine ganze Menge, sagt Oma immer.

Mutter: Das sagt Oma nur, weil sie nicht will, dass wir uns um sie Sorgen machen. Am wohlsten fühlen sich die alten Herrschaften doch in den eigenen vier Wänden.

Doris: *(enttäuscht)* Och, dann hocken wir dort also wieder den ganzen Tag bei Kaffee und Kuchen herum?

Vater: *(besänftigend)* Nein, doch nicht an ihrem 50. Hochzeitstag! Da machen wir etwas Besonderes mit den beiden, damit sie auch einmal ein bisschen Abwechslung und Aufregung haben.

Mutter: *(zustimmend)* Nur eben nicht zu viel! *(nachdenklich)* Wie wäre es denn mit einem netten Essen irgendwo draußen?

Doris: *(aufspringend)* Au ja, Eisessen bei Paolo!

Mutter: *(lachend)* Das verträgt Opas Magen nicht mehr!

Doris: *(enttäuscht)* Schade!

Tobias: *(mit Blick auf seinen Computer)* Dann gehen wir eben zu McRonald's!

| | |
|---|---|
| Vater: | *(ebenfalls lachend)* Oma isst doch kein Fleisch! |
| Doris: | McRonald's hat auch Pommes und Gemüseburger. |
| Vater: | Fast Food scheint mir außerdem nicht das passende Essen für einen so feierlichen Anlass zu sein! |
| Doris: | *(zuckt mit den Schultern)* Dann eben nicht! |
| Mutter: | *(beschwichtigend)* Spaß beiseite! Ich dachte eher an ein leichtes Essen im *Fröhlichen Landmann*. |
| Tobias: | *(gelangweilt)* Muss man dort lange hinfahren? |
| Vater: | *(streng)* Pst! |
| Mutter: | Wir könnten eine Musikband mit netter Tanzmusik bestellen. Ein paar von Omis und Opis Freunden und Bekannten sind doch noch ganz fit! |
| Vater: | Eine gute Idee! |
| Doris: | Oma hat ja auch neulich etwas von einem Tanzverein erzählt. |
| Vater: | Wahrscheinlich hat sie es aus dem Seniorenprogramm im Fernsehen. Aber Musik und Tanz mochte sie schon immer gern. |
| Tobias: | Und Opa? |
| Vater: | *(unsicher)* Das weiß ich nicht. Habe ihn noch nie danach gefragt. |
| Mutter: | Ansonsten kann Opa sich ja auch mit seinen alten Freunden Kurt und Paul unterhalten. Jugendfreunde haben sich immer viel über die guten alten Zeiten zu erzählen. |
| Vater: | Das wird Opa bestimmt viel Freude machen. |
| Mutter: | *(nickt zufrieden)* Genau! Also einigen wir uns auf den *Fröhlichen Landmann*? |
| Vater: | Ja, ich versuche gleich einmal eine telefonische Reservierung für diesen Tag zu bekommen. Mehr als 20 Personen werden es ja wohl nicht werden oder? |
| Mutter: | Nein, auf keinen Fall! Das wäre für die beiden auch zu anstrengend und für uns alle zu aufwändig! *(Der Vater geht zum Telefon, Mutter und die Kinder nehmen ihre Beschäftigungen von vorher wieder auf. Als der Vater nach dem Hörer greifen will, klingelt das Telefon. Alle schauen erstaunt hoch, der Vater nimmt den Hörer ab)* |

Vater: Hallo? Ach, Opa! *(schnipst mit den Fingern, um die Aufmerksamkeit seiner Familie auf sich zu lenken)* Wir haben gerade von euch gesprochen! *(begeistert)* Ja, genau davon! Wir dachten, dass ihr an diesem Ehrentag etwas wirklich Tolles machen solltet. Das findet ihr auch? Gut, also wir dachten ... *(Pause)* Nach euren Wünschen? *(sich großherzig an die Brust schlagend und den anderen zuzwinkernd)* Aber natürlich! Wir dachten uns also ... *(lässt plötzlich den Arm herunterfallen und stottert)* Wie bitte? Was?? 120 Gggäste aus Ooomas Ttttttanzverein und dem ... Pokerclub, den du mit Ppp...Paul und Karl gegründet hast? Hotelschiff Astoria mit Übernachtung und ... Sieben-Gänge-Menü?? Ein Mimimitternachtsfeuerwerk und ... *(entsetzt und laut)* VATER!!! Nacktbaden bei Vollmond im Swimmingpool auf dem Dddddeck??? *(lässt den Hörer zu Boden baumeln und starrt entsetzt in Richtung seiner Familie. Die Mutter starrt ebenso entsetzt zurück, die Kinder kichern hinter vorgehaltenen Händen)* Die beiden sind wohl über Nacht völlig durchgedreht!!!

## Ein besonderes Ereignis

**Dauer:** ca. 15 Minuten
**Personen:** Fred, ca. 9, und seine Mutter
**Kostüme:** Alltagskleidung nach Belieben
**Requisiten:** Wohnzimmertisch und zwei Stühle, evtl. andere passende Einrichtungsgegenstände, Block und Stifte, Hefte und Füller, Bücher

**Eingangsszene:** *Mutter und Sohn sitzen am Tisch und sind mit Schreiben und Malen beschäftigt, wobei die Mutter die nach und nach fertiggestellten Hausarbeiten und Bilder ihres Sohnes liest, anschaut und hier und da korrigiert.*

| | |
|---|---|
| Fred: | Du, Mami … |
| Mutter: | *(nicht von ihrem Heft aufblickend, in dem sie gerade liest)* Mm. |
| Fred: | Paul hat doch am Wochenende Geburtstag, und wir wollten eine Fahrradrallye und ein Picknick danach machen. Kann ich bei ihm übernachten? |
| Mutter: | *(immer noch in Gedanken vertieft)* Mm. |
| Fred: | *(erfreut)* Toll, danke! *(nimmt sich ein leeres Blatt Papier und farbige Stifte und beginnt zu malen)* |
| Mutter: | *(hochblickend)* Was hast du gesagt? |
| Fred: | *(stirnrunzelnd und vorwurfsvoll)* Du hast mir gar nicht zugehört! |
| Mutter: | Entschuldige. Ich war gerade so in deine Aufgaben hier vertieft. *(zeigt auf das Heft)* Du hast übrigens wirklich wenig Fehler gemacht! *(nickt anerkennend)* Sehr schön! |
| Fred: | Dafür darf ich dann auch bei Paul am Wochenende übernachten, ja? |
| Mutter: | *(wieder mit den Aufgaben vor ihr beschäftigt und ein wenig abgelenkt und langsam)* Nein, an diesem Wochenende geht das leider nicht, aber nächste Woche vielleicht. |
| Fred: | *(schmeißt seinen Malstift auf das Blatt, sodass seine Mutter erschrocken zusammenzuckt)* Er hat doch aber an diesem Wochenende Geburtstag! |
| Mutter: | *(ruhig)* Fred, an diesem Wochenende feiern wir die goldene Hochzeit von Opa und Oma. Davon sprechen wir doch schon seit Monaten! Dieses Mal hast *du* wohl nicht richtig zugehört! |
| Fred: | Ich wusste nicht, dass die Hochzeit an Pauls Geburtstag ist! |
| Mutter: | *(verständnisvoll)* Ich verstehe ja, dass du enttäuscht bist, aber eine goldene Hochzeit ist eben ein ganz besonderes Ereignis, das hat Vorrang! |
| Fred: | *(mit vor der Brust verschränkten Armen und trotzig)* Pauls Geburtstag ist für mich auch ein ganz besonderes Ereignis! |
| Mutter: | *(immer noch geduldig)* Aber Fred! Du kannst doch nicht irgendeinen beliebigen Geburtstag deines Freundes mit dem 50-jährigen Hochzeitstag deiner Großeltern vergleichen! |

| | |
|---|---|
| Fred: | *(trotzig)* Es ist nicht irgendeiner, sondern sein zehnter Geburtstag, und eine Fahrradrallye mit Picknick habe ich auch noch nie mitgemacht! |
| Mutter: | Das könnt ihr an einem anderen Tag mit euren Freunden noch einmal nachholen. |
| Fred: | Woher weißt du denn überhaupt, dass sie so etwas noch einmal machen, dass dann alle anderen auch Zeit haben und eingeladen sind, dass es nicht vielleicht regnet … |
| Mutter: | *(ihn unterbrechend)* Jetzt übertreibst du aber! Eine Fahrradrallye und ein Picknick kann man wiederholen, ein 50-jähriger Hochzeitstag ist aber ein besonderes Ereignis … |
| Fred: | *(murrend)* Besonderes Ereignis, besonderes Ereignis … |
| Mutter: | *(fortfahrend)* … zu dem die ganze Familie *(betont)* vollzählig erscheinen wird. |
| Fred: | *(patzig)* Ich will aber viel lieber … |
| Mutter: | *(ihn unterbrechend und etwas strenger)* Fred! Jetzt ist Schluss! Du wirst am Wochenende mit uns allen die goldene Hochzeit deiner Großeltern feiern, Paul nachträglich ein schönes Geschenk machen und seinen Geburtstag mit ihm nachfeiern – basta! *(Fred schweigt trotzig. Einlenkend)* Nun komm schon! Ich schenke euch auch zwei Kinogutscheine! |
| Fred: | *(traurig)* Ich will nicht ins Kino, sondern zur Rallye! |
| Mutter: | *(leicht verzweifelt und etwas genervt)* Das wird wohl nicht möglich sein an diesem Wochenende, es sei denn *(ironisch)*, die Rallye findet morgens statt und du bist pünktlich um 13 Uhr zum Mittagessen zur Stelle! |
| Fred: | *(aufhorchend)* Wo findet denn das Mittagessen statt? |
| Mutter: | *(erleichtert)* Aha, wenn es um's Essen geht, wird die goldene Hochzeit plötzlich interessanter, was? Wir haben einen Saal in einem Landgasthof direkt am Fluss reserviert, ungefähr eine halbe Stunde von hier entfernt. |
| Fred: | *(interessiert)* Mit dem Auto oder zu Fuß? |
| Mutter: | *(leicht verwundert)* Mit dem Auto! Zu Fuß bräuchte man viel länger, aber du fährst natürlich mit uns! |

| | |
|---|---|
| Fred: | Ich würde lieber mit meinem Fahrrad fahren. |
| Mutter: | Wieso denn? |
| Fred: | Ich mag eben frische Luft und fahre ja auch sonst überall mit dem Rad hin. |
| Mutter: | *(lachend)* Darüber werden wir noch reden. |
| Fred: | Und wo genau ist das Gasthaus und wie heißt es? |
| Mutter: | Plötzlich kannst du es ja gar nicht erwarten, und noch vor zwei Minuten wolltest du überhaupt nicht kommen! Es ist in der Rosenallee 12, neben der Heringsbrücke *(Paul nickt und notiert sich sorgfältig die Adresse auf einem Stück Papier)*, und heißt … |
| Fred: | *(begeistert und laut)* Ich weiß! Wir waren schon mal dort. Es heißt *Picknick am Fluss*. |
| Mutter: | *(erstaunt)* Ja, das war wohl der Name! Ich wusste gar nicht, dass du dich so gern an diesen Besuch erinnerst …, es ist ja auch schon ein paar Monate her. |
| Fred: | *(aufgeregt auf seinem Stuhl hin- und herrutschend)* Ich hatte es auch eigentlich vergessen, aber durch das Picknick … |
| Mutter: | *(lachend)* Ach, jetzt verstehe ich! Du überlegst dir also als Ersatz für Pauls Geburtstag am Wochenende deine eigene Version von Fahrradrallye und Picknick! |
| Fred: | *(entschlossen)* Wieso Ersatz? Du hast doch gesagt, ich muss um 13 Uhr zum Mittagessen im Restaurant sein, oder? |
| Mutter: | *(unsicher)* Ja? |
| Fred: | Paul wohnt doch hier an der Ecke, und wenn wir allen 20 Kindern Bescheid sagen, pünktlich zu kommen, und die Rallye wirklich früh am Morgen starten, dann schaffen wir es auch, um 13 Uhr rechtzeitig zum Picknick bei euch zu sein! |
| Mutter: | *(entsetzt)* Alle … zum Picknick … bei uns??? |
| Fred: | *(selbstbewusst)* Ja, im *Picknick am Fluss!* *(steht auf, aufgeregt auf dem Weg nach draußen)* Ich rufe jetzt schnell Paul an und sage ihm, dass ich zwar nicht bei ihm übernachten kann und dass wir früher starten müssen, dass seine Eltern aber kein Picknick vorbereiten müssen! |

## 50-jähriges Jubiläum

**Dauer:** ca. 7 Minuten
**Person:** Werner, zwischen 70 und 80
**Mobiliar:** gemütlicher (Ohren-)Sessel, Couchtisch
**Kostüm:** Bequeme Hauskleidung, z. B. Strickjacke und Jogginghose, nach Belieben
**Requisiten:** Fotorahmen mit Bild, Pfeife, ein Glas Wein oder Bier, ausgestopftes Reptil in einer Kiste

**Eingangsszene:** *Werner sitzt gemütlich in seinem Sessel und raucht Pfeife. Vor ihm auf dem kleinen Tisch steht ein Glas Wein und ein Bilderrahmen, der so gestellt ist, dass das Publikum das Foto nicht sehen kann. Unter dem Tisch steht ganz unauffällig eine Kiste.*

Werner: *(an seiner Pfeife ziehend)* Genau heute vor 50 Jahren habe ich sie das erste Mal gesehen! Kaum zu glauben, wie die Zeit vergeht. *(schüttelt den Kopf, nimmt den vor ihm stehenden Bilderrahmen in die Hand und betrachtet liebevoll das Foto)* Ich kann mich noch ganz genau daran erinnern, wie ich in das Zoogeschäft kam und eigentlich nach einem kleinen Häschen für meine damalige Freundin ... *(nachdenklich)* Wie hieß sie doch noch gleich? Frieda? Klärchen? Nein, Klärchen war die aus der Schule. *(abwinkend und den Bilderrahmen zurück auf den Tisch stellend)* Ist ja auch egal! Als ich an diesem Tag in ihre jadegrünen Augen blickte, war Frieda oder wer auch immer jedenfalls auf der Stelle vergessen, und es gab nur noch sie *(zeigt mit dem Finger auf das Foto, trinkt einen Schluck und lehnt sich in wohliger Erinnerung wieder zurück in den Sessel)* Und es beruhte wohl auf Gegenseitigkeit, denn sie ließ mich eigentlich nie aus den Augen – nicht nur dort, sondern auch später zu Hause. *(zieht wieder an seiner Pfeife)* Auf Schritt und Tritt schien sie mich zu beobachten, sogar beim

Essen, ihrer Lieblingsbeschäftigung! *(lacht in sich hinein)* Und was habe ich mir für Köstlichkeiten ausgedacht, um sie bei Laune zu halten, diese kleine Feinschmeckerin! Kein Feinkostgeschäft war mir zu teuer, keine Leckerei unbekannt! Wenn ich nur an diesen glücklich-satten Blick denke, nachdem sie mit ihrem süßen langen Zünglein alles genüsslich aufgezischelt hat … das war wirklich jede Mühe wert! *(seufzt)* Und mühelos war sie ja nun auch nicht gerade! *(tippt gespielt vorwurfsvoll mehrmals mit dem Zeigefinger auf den Bilderrahmen)* Manchmal ließ sie sich nicht anfassen und war furchtbar kalt! Und wie oft hat sie sich vor mir versteckt, und ich habe sie stundenlang angstvoll gesucht, wenn ich abends nach Hause kam und sie nicht gleich fand. Brachte ich ihr einmal keine besondere Leckerei mit, was äußerst selten vorkam, dann spielte sie tagelang die Beleidigte und verschmähte jegliche Nahrung, bis sie ganz zerknittert und dünn aussah und ich vor lauter Sorge fast umkam! *(trinkt wieder einen Schluck und zieht ein bisschen stumm an seiner Pfeife)* Manchmal war ich mir gar nicht sicher, ob sie auch so glücklich mit mir war wie ich mit ihr. Vielleicht hat sie sich ja etwas einsam mit mir gefühlt. Keine Kinder, wenig Besuch … *(nachdenklich)* Mir reichte eben ihre Gegenwart, und ich brauchte keine andere! *(aufseufzend)* Natürlich war mir von Anfang an klar, dass sie nicht so lange leben würde! Bei ihren Anlagen! *(traurig)* Aber trotzdem wäre es doch schön gewesen, sie heute zu unserem 50-jährigen Jubiläum richtig bei mir zu haben und es nicht allein bei einem einsamen Glas feiern zu müssen. *(trinkt das Glas aus und fängt dann verschmitzt an zu kichern, leicht beschwipst)* Obwohl sie mir ja gar nicht sooooo fern ist … *(greift unter den Couchtisch nach der Kiste und holt das ausgestopfte Reptil hervor, das er neben den Bilderrahmen stellt; liebevoll)*

# Sketche für Partys und Familienfeste

Ein Partyspaß mit Lach-Garantie: kleinere und größere Probleme des Alltags, der Partnerschaft und Verwandtschaft werden mit einem zwinkernden Auge auf die Schippe genommen. Denn was wäre das Leben ohne Freunde und die liebe Familie?

# Zwang

*Bis heute ist nicht eindeutig geklärt, ob der Musikgeschmack eines Menschen klare Rückschlüsse auf seinen Charakter zulässt. Auch wenn der vorliegende Fall einen kausalen Zusammenhang von Rockmusik und Rebellion nahelegt, so ist noch lange nicht erwiesen, dass Pop-Hörer langweilige Konformisten sind. Mag sein, dass die Mehrheit unter ihnen die Ordnung dem Chaos vorzieht, hierin aber gerade die Ursache für Letzteres sehen zu wollen, grenzt an infame Rabulistik.*

Sie: Das ist nicht dein Ernst, nicht wahr?
Er: Was denn, mein Schatz?
Sie: Du willst nicht im Ernst bestreiten, dass es in unserer Wohnung allmählich wie im Lager eines Medienkonzerns aussieht. Jeder freie Platz ist zugestellt mit CDs, Büchern, Zeitschriften und Videos. Ich kann das Fortschreiten deiner Krankheit mittlerweile an der Krümmung unserer Regalbretter ablesen.
Er: Welche Krankheit denn, bitteschön?
Sie: Ich meine dein krankhaftes Sammeln, Ordnen und Archivieren von Dingen, die kein normaler Mensch wirklich braucht.
Er: Wir brauchen also weder Bücher noch Musik?
Sie: Doch, aber nicht alles doppelt und dreifach. Nimm doch nur mal die Beatles. Jedes auch noch so profane Geräusch, das die Jungs jemals von sich gegeben haben, wird von dir wie selbstverständlich angeschafft, es könnte sich ja um einen Meilenstein der Musikgeschichte handeln.
Er: Die Beatles waren schließlich die größte Band aller Zeiten.
Sie: Ach nee, schon mal was von den Stones gehört, mein Lieber? I can't get no satisfaction? Als deine Tanzcombo artig ihre Fönfrisuren vorführte, da hatte Mick Jagger längst den Nerv der rebellierenden Jugend getroffen, und die Faszination hält bis heute an, wie du unschwer an den ausverkauften Konzerten feststellen kannst.

Er: Grundsätzlich ist ja nichts dagegen zu sagen, wenn ältere Herrschaften ihren Lebensabend aktiv zu gestalten versuchen, dennoch steht zweifellos fest, dass vor allem Lennon/McCartney die Weichen in der Popmusik gestellt haben und dass ihre Hits bis heute unerreicht sind.
Sie: Hilfe!
Er: Genau, das ist ein gutes Beispiel für einen der genialen Songs, die ich meine.
Sie: Na schön, für Leute, die ihre CDs strikt alphabetisch ordnen und ihre Bücher präzise Rücken an Rücken ausrichten, dürfte dieses anämische Liedgut aufregend genug sein. Du bist also entschuldigt, mein Lieber, aber nur, was deinen infantilen Musikgeschmack angeht. Dein Komplettierungszwang dagegen bedarf professioneller Hilfe. Erklär mir doch bitte mal, wozu wir sämtliche Woody-Allen-Filme in fünffacher Ausführung haben.
Er: Nun, da gibt es nicht viel zu erklären, da ist das Kaufvideo in deutscher Sprache, dann das gleiche im amerikanischen Original, dann der Fernsehmitschnitt in Zweikanalton und schließlich die Fassung mit Hinweisen für Blinde und die mit Untertiteln für Hörgeschädigte.
Sie: Und für Hirngeschädigte gibt's keine Fassung? Du solltest dich dringend nach und nach von allem Überflüssigen trennen.
Er: Das geht leider nicht, weil es doch damals hieß: »... bis dass der Tod euch scheidet.« – *(zum Publikum)* Auch in unserer Beziehung gibt es »Späße«, die man sich besser verkneift. Es bedurfte schon einiger Anstrengung und Zugeständnisse, um meine Frau wieder halbwegs versöhnlich zu stimmen. Mit dem Versprechen, in nächster Zeit einmal gründlich auszusortieren, war der häusliche Friede wiederhergestellt. Und dann klingelte der Postbote und brachte ein Riesenpaket der Firma Music & More. Ich gab ihm kein Trinkgeld.

## Feng Shui

*Wer Chop Suey mit fernöstlicher Heilkunst verwechselt und Qi Gong am liebsten süß-sauer mit Stäbchen isst, der wird Feng Shui möglicherweise für eine asiatische Hafenstadt halten. Der Kenner indes schwört auf die harmonische Raumgestaltungslehre, kauft einen Kompass und zieht hinaus, um sein Glück anderswo zu finden.*

**Eingangsszene:** *Er steht vor der Schlafzimmertür, eine Yuccapalme im Arm, und versucht umständlich die Tür zu öffnen.*

Sie: Das ist nicht dein Ernst, nicht wahr?
Er: Was denn, mein Schatz?
Sie: Du willst nicht im Ernst mit dieser Pflanze in unser Schlafzimmer.
Er: Warum denn nicht? Ein bisschen Südseeatmosphäre kann doch nicht schaden.
Sie: Yuccas, Palmen oder Kakteen gehören nicht in Schlafbereiche, weil sie schneidendes Chi verursachen können.
Er: Was ist?
Sie: Stachlige Pflanzen geben eine spitze Energie ab, damit können wir allenfalls Einbrecher vertreiben.
Er: Du willst mit unserer Yuccapalme Einbrecher vertreiben?
Sie: Nein, ich will vor allem weiche, harmonische Formen im Schlafzimmer. Das Chi muss stimmen.
Er: Was muss stimmen?
Sie: Das Chi!
Er: Gesundheit.
Sie: Werd nicht albern. Chi ist elektromagnetische Energie, die seit Jahrtausenden durch das Universum strömt und alles miteinander verbindet. Es steht im Mittelpunkt der vor 4000 Jahren entstandenen Kunst des Feng Shui, was wiederum bedeutet, sein eigenes Heim so zu gestalten, dass Erfolg, Gesundheit,

Reichtum und Glück günstig beeinflusst und gefördert werden.

Er: Oh oh, und das bedeutet konkret?

Sie: Dass sich hier einiges ändern wird, mein Lieber. Im Grunde beginnt es schon mit der Lage des Hauses. Eigentlich dürfte es weder an einer Kreuzung noch im Schatten eines höheren Gebäudes stehen.

Er: Das ist ja kein Problem. Kannst du mal eben mit anfassen?

Sie: Doch weil nun mal bestimmte Dinge vorgegeben sind, gilt es, dem Idealzustand durch geeignete Feng-Shui-Maßnahmen so nah wie möglich zu kommen. Ich hoffe, ich kann da mit deiner Unterstützung rechnen.

Er: Chi Chi, Chérie.

Sie: Na schön, dann lass uns mal anfangen.

Er: *(zum Publikum)* In der Folgezeit sollte sich unsere schäbige Behausung unaufhaltsam in ein Gefilde vollkommener Glückseligkeit verwandeln. Meine Frau überraschte mich von nun an täglich mit den verblüffendsten Einfällen, und wenn mir eine Neuerung mal allzu exotisch vorkommen wollte, dann wusste sie ihr Tun mit Hilfe fernöstlicher Weisheiten eloquent zu verteidigen.

Sie: Falls du die Fernbedienung suchst, die ist im Keller.

Er: Ich suche den Fernseher!

Sie: Der ist auch dort. Ebenso die Mikrowelle. Solche Geräte strahlen nämlich so viel negative Energie ab, dass ihr Betrieb unverantwortlich wäre. Kein vernunftbegabter Chinese würde sich dem freiwillig aussetzen.

Er: Und warum sind die Spiegel im Schlafzimmer zugehängt? Ist jemand gestorben?

Sie: Du willst doch wohl nicht, dass wir unsere alten Emotionen nicht loslassen können, weil unser eigenes Chi im Schlaf reflektiert wird.

Er: Heiliger Sheng Fui, das will ich natürlich auf gar keinen Fall. Ursprünglich war zwar an die Reflektion ganz anderer Dinge gedacht, aber kein vernunftbegabter Chinese …

Sie: Genau, du sagst es. Und bevor wir gleich die schweren Polstermöbel aus dem Wohnzimmer entfernen, kannst du mir beim Aufstellen dieser kleinen, nützlichen Gegenstände helfen. Die Holztiere gehören in den Osten und Südosten, die Metallfiguren in den Westen, das Glas in den Norden und die Keramiksachen in den Südwesten. Der Kompass liegt auf der Kommode. Und wenn du jetzt noch etwas freundlicher dreinschaust, dann kann die positive Energie ungehindert fließen und ihre Wirkung voll entfalten.

Er: *(zum Publikum)* Neuerdings findet man mich immer häufiger im Keller. Umgeben von stacheligen Gewächsen und großen Spiegeln hocke ich ganz nah vor dem Fernseher und lächle, während in der Mikrowelle deutsche Tiefkühlkost gelassen auftaut. Besuchen Sie mich doch mal.

## Kunst

*Ist das Kunst oder ist das keine Kunst? Auf diese viel gestellte Frage kann man versuchsweise Folgendes antworten: Zigtausend Euro für einen, sagen wir, Picasso auszugeben und genau zu wissen, jawohl, das ist Kunst, das ist keine Kunst. Aber ein paar hundert Euro für einen, sagen wir, XY auszugeben und tapfer zu behaupten, jawohl, das ist Kunst – das ist Kunst!*

Sie: Das ist nicht dein Ernst, nicht wahr?
Er: Was denn, mein Schatz?
Sie: Du willst nicht im Ernst unseren Feininger abhängen und durch diesen Fehlkauf ersetzen.
Er: Wieso Fehlkauf? Das ist ein echter Gero Koethenstedt, den ich da erstanden habe, in 100 Jahren ist der locker das Doppelte wert.

Sie: Der Rahmen vielleicht. Gib doch zu, dass du seiner geschäftstüchtigen Gattin auf den Leim gegangen bist. Die hätte dir am Schluss doch alles verkaufen können, zumal sich dein Kunstverstand nach dem fünften Sekt ohnehin verabschiedet hatte.

Er: Ich war absolut nüchtern.

Sie: Ach ja? Sah ich dich nicht dein Glas erheben und begeistert ausrufen *(leicht lallend)*: »Gnädige Frau, den Namen Kloethenstock wird man sich merken müssen«?

Er: Das war ich nicht.

Sie: Zur nächsten Vernissage gehe ich jedenfalls mit Kopftuch und Sonnenbrille.

Er: Manche Bilder muss man sich halt zurechtsaufen, damit Kunst draus wird. Ästhetik entsteht ja erst im Auge des Betrachters.

Sie: Für mich kommt Kunst nach wie vor von »Können«. Wenn mir jemand eine gelbe Leinwand mit zwei roten Punkten als Kunst verkaufen will, dann interessiert mich schon, ob er wohl den gotischen Faltenwurf beherrscht oder wenigstens ein Pferd malen kann.

Er: In keiner mir bekannten Kunsttheorie hat das Pferd einen derart hohen Stellenwert. Kurt Schwitters war der Ansicht, dass alles, was der Künstler spuckt, Kunst sei, und Joseph Beuys hat stets behauptet, jeder Mensch ist ein Künstler, er muss nur kreativ werden.

Sie: Ach Unsinn, Talent und Leidenschaft sind die Grundlage seriöser Kunst, kreative Dilettanten produzieren bestenfalls Kitsch. Erinnerst du dich noch an die Ausstellung im Stadtmuseum?

Er: Du meinst »Transzendenz im Spiegel karmatöser Artefakte«?

Sie: So ähnlich.

Er: Mit dieser durchgeknallten Astralleib-Fetischistin, die auch nicht mehr so genau wusste, welcher Spiritus ihr den Pinsel geführt hat?

Sie: Richtig, und die vor allem nicht müde wurde, das Resultat ihrer schmalen Begabung ungeniert als Hauptweg ins Heil anzupreisen.

Er: Apropos Holzweg. Noch bezeichnender fand ich die Baum-Art-Objekte in der Galerie Schnitzler. Überall, wo man hinsah, Stümpfe, Klötze und jede Menge Astlöcher. Geknicktes und Entlaubtes aus dem Versehrtenwald, die Krüppelkiefer als Sinnbild skrupelloser Verstümmelung, das Körbchen Brennholz für schlappe zweitausend Euro.

Sie: Vielleicht ging ja ein Teil des Erlöses an »Robin Wood«.

Er: Dann hätte dieses lustige Holzhackerforum tatsächlich einen Sinn gehabt. So blieb am Schluss nur die schale Erkenntnis, dass eine Axt im Haus noch keinen Künstler macht.

Sie: Du klingst verbittert, mein Lieber. Geh morgen Nachmittag mal zu unserer Sparkasse und schau dir die Bilder des Kindermalwettbewerbs an. Du brauchst offenbar dringend Erholung.

Er: *(zum Publikum)* Mein Schatz hat Recht. Erst neulich geriet ich mit einem geschniegelten Herrn aneinander, der vor einer Wand mit weißen Pappschachteln lederartige Gegenstände in verschiedenen Größen und Farben präsentierte. Provoziert durch so viel Unverfrorenheit entlarvte ich das plumpe Konzept gnadenlos als nacktes Gewinnstreben und geißelte mit scharfen Worten die profane Allianz zwischen Kunst und Kommerz. – Seitdem darf ich meine Frau nicht mehr beim Schuhekauf begleiten.

## Festrede

*Wer die Kunst des wirkungsvollen öffentlichen Vortrags beherrscht, wird keine Mühe haben, ein Ehejubiläum mit wohlgesetzten Worten zu begleiten. Doch nicht jeder begnadete Rhetoriker ist auch ein Meister im Disputieren, vor allem dann nicht, wenn das Exterieur der Frau zum Gegenstand der Auseinandersetzung wird. Was dann hilft, sind auch keine noch so fundierten Kenntnisse auf dem Gebiet der Metrologie, sondern einzig und allein gewiefte Taktik und diplomatisches Geschick.*

**Eingangsszene:** *Sie sitzt im Wohnzimmer und strickt. Er betritt den Raum mit einem merkwürdigen »Kunstgegenstand« in der Hand.*

Sie: Das ist nicht dein Ernst, nicht wahr?

Er: Was denn, mein Schatz?

Sie: Du willst nicht im Ernst mit dieser Scheußlichkeit bei Volker und Claudia auftauchen. Die beiden haben uns sicher nicht zu ihrem 20. Hochzeitstag eingeladen, damit du günstig deinen Sperrmüll loswirst. Was soll das überhaupt sein?

Er: Diese fabelhafte Skulptur heißt »aeternitas«, steht für das Unvergängliche und deutet quasi symbolhaft auf die bevorstehende Lumpenhochzeit. Ich muss nur noch das Zertifikat fälschen, und schon sind wir geschenktechnisch elegant aus dem Schneider.

Sie: Als ich dich bat, eine nette Kleinigkeit vom Flohmarkt mitzubringen, habe ich bestimmt nicht an ein rostiges Fliegengitter gedacht. Ich weiß wohl, dass du Volker nicht magst, aber meiner Schwester wirst du das nicht antun.

Er: Wir machen ohnehin zu viel Gedöns um die beiden. Seit Wochen strickst du verbissen an diesem Kaschmir-Pullover für Claudia …

Sie: Mohair, mein Lieber.

Er: … während ich die kalten Ravioli aus der Dose fischen muss.

Sie: Du Ärmster, hat dir deine Mama nicht gezeigt, wie man Feuer macht?

Er: Außerdem fliegt dieses Wollzeugs in der ganzen Wohnung umeinander. »Jetzt gehen dir auch noch die Barthaare aus«, dachte ich heute morgen beim Kämmen, bis sich die Haarbüschel Gottseidank als Mohairflusen entpuppten. Im Übrigen hast du das Teil jetzt schon zweimal aufgeribbelt. Kennst du überhaupt die Maße deiner Schwester?

Sie: Ich orientiere mich da an meinen eigenen Kleidungsstücken.

Er: Ist Claudia nicht eher klein und zierlich?

Sie: Ach, und was bin ich? Groß und fett vielleicht?

Er: Nein nein, natürlich nicht. Ihr seid halt von Natur aus unterschiedlich gebaut. Du hast das stabilere Knochengerüst, während ihre Grazilität manchmal ins Magersüchtige zu kippen scheint.

Sie: Meine Schwester hat eine Top-Figur!

Er: Ja schon, ich will auch nur sagen, dass mir das Handfeste, also das nicht unbedingt so Knochige, mehr entgegenkommt.

Sie: Erzähl nur weiter.

Er: Ich meine ja nur, dass deine Figur absolut optimal für mich ist, da muss nichts dran und da muss nichts ab.

Sie: Hör zu, bevor du dich hier um Kopf und Kragen redest, würde mich mal interessieren, wie weit du mit deiner Festrede vorangekommen bist. Lies mal vor, was du schon hast.

Er: *(räuspert sich)* 20 Jahre Ehejoch / sagt, wie lange müsst ihr noch?

Sie: Ich glaub, ich lass dich zu Hause. Ich werd denen erzählen, dass wir dich einschläfern mussten.

Er: Und wer soll bitteschön die Festrede halten? – Na also, auch wenn ich es reichlich merkwürdig finde, ausgerechnet den 20. Hochzeitstag zu feiern. Warum nicht die Silberhochzeit, so wie wir im ... am ... demnächst.

Sie: Demnächst? Soso, und wann ist das, demnächst?

Er: *(zum Publikum)* Man soll nur nicht meinen, dass ich in jede Falle tappe. Wichtige Daten bewahre ich seit Jahren sorgfältig im Seitenfach meines Pfeifenetuis auf. Ein kleiner, unscheinbarer Spickzettel enthält alle Informationen, die zu kennen mir meine Frau offensichtlich nicht zutraut. Welch ein Irrtum, was für eine Genugtuung! Und was für eine Tragik, wenn das verdammte Etui auf dem Büroschreibtisch liegt. Mir bleibt auch nichts erspart.

# Garderobe

*Alle großen Opern dieser Welt haben einen ärgerlichen Nachteil: Um in ihren vollen Genuss zu kommen, muss man sich persönlich ins Opernhaus begeben. Obschon die Kleiderordnung im Lauf der Jahre lockerer geworden ist, so wird es doch nach wie vor nicht gern gesehen, wenn der Opernfreund im Trainingsanzug aufläuft.*

**Eingangsszene:** *Er steht ausgehfertig im Wohnzimmer und summt ein Motiv aus dem »Freischütz«. Sie betritt den Raum, halb angezogen, mit einem Handtuch um den Kopf.*

Sie: Das ist nicht dein Ernst, nicht wahr?
Er: Was denn, mein Schatz?
Sie: Du willst nicht im Ernst in diesem Aufzug mit mir in den »Freischütz« gehen.
Er: Was stört dich daran? Soll ich die Flinte zu Hause lassen?
Sie: Ich frage mich bloß, wie du es immer wieder schaffst, zu besonderen Anlässen deine unmöglichsten Klamotten anzuziehen. Das scheint eine Art Gesetz bei euch Männern zu sein; sobald es in die Oper oder ins Theater geht, greift ihr mit traumwandlerischer Sicherheit in den Altkleidersack und macht euch schick, dass es der Sau graust.
Er: Ich weiß gar nicht, was du hast, ich trage doch meinen guten Anzug.
Sie: Und was ist mit dem Hemd?
Er: Wieso, das hast du mir doch extra für kulturelle Ereignisse gekauft.
Sie: Es ist völlig zerknittert und riecht.
Er: Kunststück, es war ja auch schon in der Wäsche.
Sie: Ich glaub's nicht.
Er: Mein Gott, für den »Freischütz« wird's wohl noch reichen, so doll ist die Oper ja nun auch wieder nicht. Aber wenn es dich

beruhigt, ich kann ja mal mit dem Deoroller drübergehen.

Sie: Das beruhigt mich keineswegs, mein Lieber. Zieh dir bitte ein frisches Hemd an und wechsle auch gleich das Schuhwerk. Die alten Treter sind bestenfalls noch was für den Garten.

Er: Die neuen drücken aber so, wie soll ich damit unbeschadet »Durch die Wälder, durch die Auen« kommen?

Sie: Du stellst dich vielleicht an. Glaubst du etwa, meine Hacken sind bequemer? Nun mach schon, man geht schließlich nicht zum Vergnügen in die Oper. *(mustert ihn noch einmal von oben bis unten)* Warte mal, bist du sicher, dass das dein guter Anzug ist?

Er: Allerdings.

Sie: Ich kann mir nicht helfen, du siehst irgendwie verbeult aus.

Er: Irgendwo muss ich ja meine Sachen verstauen, wenn du nur dein winziges Handtäschchen mitnehmen willst.

Sie: Was musst du verstauen?

Er: Meine Brieftasche zum Beispiel. Das Brillenetui, die Geldbörse, Wohnungs- und Autoschlüssel, Pfeifenetui, Tabaksbeutel, Handy, Partitur, Dose Bier, Salzstangen, Erdnüsse, Pantoffeln …

Sie: Also gut, ich nehme den Beutel mit.

Er: Sehr schön. Und denk dran, dass wir pünktlich da sein müssen.

Sie: Genau, darauf hab ich gewartet.

Er: Worauf?

Sie: Dass du das billige Klischee bemühst, wonach ihr Männer vor kulturellen Veranstaltungen in Hut und Mantel stundenlang auf uns Frauen warten müsst.

Er: Ich bin jedenfalls fertig.

Sie: Und ich schon lange.

Er: *(zum Publikum)* Es ist mir immer wieder ein Rätsel, wie meine Frau zu einer solch optimistischen Selbsteinschätzung gelangen kann, wenn sie in BH und Höschen vor dem Spiegel steht und die mittlerweile fünfte Schicht von Was-weiß-ich aufträgt. Noch rätselhafter ist die Tatsache, dass wir trotzdem fast nie zu spät kommen, und falls doch, dann gibt es natürlich nur eine plausible Erklärung: »Mein Mann wollte in letzter Minute noch unbedingt Hemd und Schuhe wechseln. Was soll man dazu sagen?« – Tja, dazu ließe sich einiges sagen. Doch nicht jetzt, die Ouvertüre hat nämlich soeben begonnen. *(Musik ertönt)*

## Feinschmecker

*Einige Zeitgenossen halten sich bereits für Weinkenner, wenn sie Lambrusco von Tafelessig unterscheiden können, und sei es auch nur an der Farbe. Dass sich gerade unter ihnen verhältnismäßig viele finden, die gerne mal Gourmet mit Gourmand verwechseln, ist daher bestimmt kein Zufall. »Herr Ober, noch mal Currywurst und 'ne Dose von dem leckeren Beaujolais!«*

**Eingangsszene:** *Das Ehepaar ist in der Küche. Sie leert einen Einkaufskorb, er hält eine Weinflasche in der einen und eine Bohrmaschine in der anderen Hand.*

Sie: Das ist nicht dein Ernst, nicht wahr?
Er: Was denn, mein Schatz?
Sie: Du willst nicht im Ernst den Wein mit der Bohrmaschine entkorken.
Er: Nein, nein, die brauche ich für unseren Weinkeller.
Sie: Welchen Weinkeller? Wir haben doch gar keinen.
Er: Noch nicht, aber lass mich nur machen.
Sie: Du solltest lediglich ein paar erstklassige Weine besorgen, wenn die Krövers zum Essen kommen. Dr. Kröver ist ein Connaisseur par excellence, da will ich mich nicht blamieren. Was hat dir der Weinhändler denn mitgegeben?
Er: Nach intensiver Verkostung habe ich mich für eine exquisite Auswahl an weißen, roten und gemischten entschieden. Wenn es connaissiert, dann können wir ja vorab ein Fläschchen deflo-

rieren. Dies hier zum Beispiel ist eine Drosselfelder Amselgasse, 12 PS mit edel geblümtem Etikett. Oder lieber einen Gurkenthaler Schädelspalter, Baujahr 99, mit gegenläufigem Schraubverschluss?

Sie: Ich werde absagen, das kann nicht gut gehen.

Er: Moment, mit wem soll ich dann fachsimpeln? Schließlich kann ich das »kleine Weinbrevier«, das du mir mitgebracht hast, nahezu auswendig. Los, frag mich was.

Sie: In welchem Anbaugebiet liegt der Kaiserstuhl, und wie würdest du seine Weinsorten charakterisieren?

Er: Der Kaiserstuhl liegt im Badischen. Sein Müller-Thurgau hat eine feuchte Nase, stramme Säure am Gaumen und ist leicht schluffig im Nachhall. Na, was sagst du?

Sie: Die Gegeneinladung können wir streichen.

Er: Das ist aber auch schwierig, so ganz ohne Stuhlprobe.

Sie: Komm, hol mir mal 'n Schnaps und dann hilf mir beim Auspacken.

Er: Was hast du denn da gekauft?

Sie: Gefrorene Flugenten.

Er: Mein Gott, wie hoch sind die denn geflogen? Gibt es die morgen Abend?

Sie: Ja.

Er: Wären Täubchen nicht vornehmer gewesen?

Sie: Willst du jetzt das Kochen übernehmen? Halbes Täubchen mit Pommes rot-weiß?

Er: Und Sahnehäubchen, Nouvelle Cuisine nie ohne Sahnehäubchen. *(zum Publikum)* Dabei dachte ich eher an eine Peperonata-Mousse mit marinierter Rotbarbe als Vorspeise, dazu einen trockenen Chardonnay, als Hauptgericht Bauerntaube in Spätburgunder mit Zwiebel-Tarte-Tatin und als Dessert pochierte Birne mit Moscato-Sabayon und Grappa-Eis.

Sie: Fast alle Männer aus unserem Bekanntenkreis sind fabelhafte Köche. Was ist da nur wieder bei dir schief gelaufen?

Er: Versucht hab ich's ja.

Sie: Und wie, anstatt mit dem Schulkochbuch anzufangen, musste der Herr Bocuse natürlich irgendeinen Wahnsinn ausprobieren.
Er: Nun ja. *(hüstelt nervös)*
Sie: Was war das noch?
Er: Weiß nicht mehr.
Sie: Jedenfalls irgendwas mit Mousse und Zwiebel-Tarte und pochierten Birnen.
Er: Ach ja?
Sie: Der Brandsachverständige war ja damals der Meinung …
Er: Flugente! Gratuliere, mein Schatz, eine wirklich gute Wahl. Noch'n Schnäpschen?

## Tierfreund

*Die Zahl der auf der Erde lebenden Tierarten wird auf 10 bis 200 Millionen geschätzt. Die von der Wissenschaft beschriebenen Arten belaufen sich auf etwa 1,4 Millionen. Schätzungen für die Individuenzahl der mehrzelligen Tiere reichen von 10 Billiarden bis über 1 Trillion. Auf jeden Menschen kämen damit rund 2 bis 200 Millionen Tiere. Doch manche haben nicht mal einen Hund.*

Sie: Das ist nicht dein Ernst, nicht wahr?
Er: Was denn, mein Schatz?
Sie: Du willst nicht im Ernst euren Hansi bei uns einquartieren, wo du doch genau weißt, wie wenig ich mit Vögeln am Hut habe.
Er: Das ist mir neu.
Sie: Du lässt auch nichts aus. – Warum hast du deinen Eltern nicht gesagt, dass ich gegen Federvieh allergisch bin?
Er: Es ist ja nur für 14 Tage. Du wirst den Wellensittich gar nicht merken.
Sie: Vögel machen Krach, machen Dreck und haben Milben.

Er: Dieser Vogel singt, putzt seinen Käfig und badet jeden Tag.
Sie: Alle Vögel sind Milbenschleudern, euer Hansi ist da keine Ausnahme.
Er: Unser Hansi ist ein liebenswertes Kerlchen und heißt Peter.
Sie: Mir ist egal, unter welchem Namen er die Milben schleudert. Ich krieg jetzt schon rote Pusteln, wenn ich daran denke. Hast du mal so eine Milbe unter dem Mikroskop gesehen? Das sind die reinsten Monster, Fressmaschinen auf acht Beinen.
Er: Was glaubst du wohl, warum der Mensch die Welt mit bloßem Auge wahrnimmt? Unter dem Mikroskop hätte ich vielleicht ebenfalls acht Beine und müsste dann befürchten, hinterrücks von dir mit Paral besprüht zu werden.
Sie: 'ne große Fliegenklatsche tät's da auch.
Er: Aua.
Sie: Wir hatten uns doch darauf geeinigt, keine eigenen Haustiere anzuschaffen. Und nun nimmst du ständig irgendwelche fremden Viecher in Pension. Was soll das?
Er: Ich kann so schlecht Nein sagen.
Sie: Hör bloß auf, du spielst doch gerne den Sittich-Sitter. Mit dem Papagei meiner Schwester hast du dich neulich stundenlang unterhalten; als Ehefrau kann ich davon nur träumen. Und auch das Meerschweinchen meiner Nichte war zu beneiden, so liebevoll wie es von dir gestreichelt wurde. Liegt das am Fell? Hab ich 'ne Chance, wenn ich meine Beine nicht mehr rasiere?
Er: Die quieken so niedlich.
Sie: Das Quieken der Schweine, wirklich putzig. Willst du nicht endlich mal erwachsen werden?
Er: Cui bono? Was hab ich davon?
Sie: Es könnte zumindest nicht schaden. Was sind das für Schlüssel?
Er: Die gehören zu Walters Wohnung, ich soll mich in den nächsten Tagen um sein Aquarium kümmern.
Sie: Ums Aquarium, soso. Und wer hat vorhin angerufen?
Er: Brinkmanns Jüngster. Kennst du Hoppel und Moppel?
Sie: Nein.

Er: Das sind zwei ganz reizende weiße Kaninchen, die uns der Jonas über Pfingsten anvertrauen möchte.
Sie: Na prima, dann kann ich ja meine Eltern zum Essen einladen.
Er: Nichts dagegen, mein Schatz. *(zum Publikum)* Überflüssig zu erwähnen, dass meine Frau uns natürlich keinen Kaninchenbraten serviert hat, wo denken Sie hin. Es gab Fisch. Und jetzt entschuldigen Sie mich bitte, die Pflicht ruft. *(zur Gattin)* Liebling, weißt du zufällig, wo die Wohnungsschlüssel von Walter sind?
Sie: In meiner Handtasche.
Er: O. k., ich fahr dann mal eben. Bis gleich. *(für sich)* In ihrer Handtasche. – Wieso denn in ihrer Handtasche?!

# Tennis

*Drei große Ereignisse gibt es, die das Leben für den Mann bereit hält: das erste Mal, das erste Auto, das erste graue Haar. Letzteres ist geeignet, ihn in eine tiefe Krise stürzen zu lassen, in die berühmte Midlife-Crisis. Diese ist ein echter Härtetest für ihn, doch seien wir ehrlich, viel mehr noch ist sie es für seine Frau. Sie muss fassungslos mit ansehen, wie er seine beginnende Senilität durch Maßnahmen zu kompensieren sucht, die beängstigend und rührend zugleich anmuten. Ein besonders erschütterndes Beispiel dokumentiert der folgende Dialog.*

**Eingangsszene:** *Er steht im Wohnzimmer und übt mit einem imaginären Tennisschläger Vor- und Rückhand. Sie tritt unbemerkt ein und beobachtet ihn eine Weile.*

Sie: Das ist nicht dein Ernst, nicht wahr?
Er: Was denn, mein Schatz?
Sie: Du willst nicht im Ernst wieder an euren Vereinsmeisterschaften teilnehmen, oder?

Er: Wieso, ich nehme doch jedes Jahr daran teil.

Sie: Eben, und jedes Jahr ist es das gleiche Trauerspiel: Keuchende Männer am Rande des Herzinfarkts, die auf roter Asche verzweifelt ihrer Jugend hinterherlaufen.

Er: Ich laufe nicht meiner Jugend hinterher. Ich bin jetzt seit vier Jahren 39 und suche lediglich noch immer die sportliche Herausforderung.

Sie: Dann suche ich schon mal die Nummer des Notarztes, am Wochenende sollen es nämlich 30 Grad werden.

Er: Schönes Wetter galt schon in der Antike nicht als Ausrede für mangelnde Wettkampfbereitschaft.

Sie: Mir will nur nicht in den Kopf, wie Männer in den Wechseljahren bei sengender Sonne ihre Gesundheit aufs Spiel setzen können, nur um herauszufinden, wer denn am Ende wohl den längsten hat.

Er: Dem Sieger winken Gold und Glanz, auch winkt der Jungfrau holde Schar zu kränzen ihm die lichte Stirne. – Vergiss nur nicht, teures Eheweib, dass auch du an meinem Ruhme teilhättest.

Sie: Ja ja, ich hör sie schon raunen, deine Jungfrauen: »O seht nur, da kommt sie, des Champions tapfere Witwe.«

Er: *(zum Publikum)* Meine Frau neigt bisweilen zu Übertreibungen, besonders wenn es um das engagierte sportliche Kräftemessen unter Männern geht. Aber ist es nicht auch rührend zu sehen, wie sehr sie sich um ihren Helden sorgt? Und ist es nicht beruhigend zu wissen, wie sicher der im Falle einer Blessur bei ihr aufgehoben wäre?

Sie: Glaub doch ja nicht, dass ich dich wieder vier Wochen lang täglich zum Orthopäden karre und mir dabei dein Gejammer anhöre.

Er: Ich habe nicht gejammert. Ein Mann leidet stumm und ergeben.

Sie: Ja genau, und die Erde ist eine Scheibe. Anstatt euch vor der intelligenten Hälfte der Menschheit zum Kasper zu machen, könntet ihr euch doch entspannt und freundlich die Bälle zuspielen.

Er: Na super, ich seh uns schon in kleinen Grüppchen die neuste Tennismode diskutieren. Nein, nein, wir Männer brauchen Action, Fun und Good Vibrations. Nicht zuletzt wirbt ja auch der Deutsche Sportbund mit dem Slogan: »Schlag dir die Sorgen aus dem Kopf!«

Sie: »Die Sorgen«, mein Lieber, nicht den Verstand. Aber mach von mir aus, was du willst, du bist schließlich alt genug.

Er: *(zum Publikum)* Wenn meine Frau scheinbar resignativ auf weitere Argumente verzichtet und mir mit Hinweis auf meine Volljährigkeit selbstverantwortliches Handeln zugesteht, dann ist noch einmal Vorsicht geboten, denn meistens kehrt der offiziell beendete Disput nach Tagen durch die Hintertür zurück.

Sie: Denk mal, wen ich heute morgen in der Stadt getroffen habe: Inge!

Er: Welche Inge?

Sie: Na, Inge, deren Mann sich neulich beim Jubiläumsturnier die Achillessehne abgerissen hat.

Er: *(zum Publikum)* Subtiler, wenn auch nicht weniger effizient, ist schließlich jene fürsorgliche Geste, mit der mich meine Frau an besagtem Tage verabschiedet. Sie legt mein frisch gewaschenes Lieblings-T-Shirt oben in die Sporttasche, gibt mir einen dicken Kuss auf die Stirn und entlässt mich mit den Worten: »Na gut, dann geh schön spielen.« Und während ich mich auf den Weg mache, wächst in mir ganz leise und allmählich die Gewissheit, dass die Kindertage unwiederbringlich dahin sind.

## Glücksspiel

*Die Ziehung der Lottozahlen hat höhere Einschaltquoten als das Telekolleg. Hat das Glücksspiel also einen höheren Stellenwert als die Bildung? Ist die Aussicht auf finanziellen Gewinn reizvoller als die auf intellektuellen? Bedeutet Geld mehr als Wissen und damit mehr als Macht? Doch hat nicht, wer Macht hat, auch Geld? Wollen Sie das wirklich wissen? Nein? Na, macht nix.*

Sie: Das ist nicht dein Ernst, nicht wahr?
Er: Was denn, mein Schatz?
Sie: Du willst nicht im Ernst fünfzig Lottoscheine ausfüllen und womöglich noch abgeben.
Er: Samstag knack ich den Jackpot, das ist es mir wert.
Sie: Dann knack mal. Seit wir uns kennen, spielst du Lotto, und seit du Lotto spielst, tippst du die falschen Zahlen.
Er: Moment, was war am 10. 8. 1985? Na?
Sie: Ja doch, da hattest du drei Richtige.
Er: Na also, und kaum 17 Jahre später, am 1. 6. 2002? Na?
Sie: Da hattest du schon wieder drei Richtige.
Er: Bitteschön, von wegen falsche Zahlen. Aber vielleicht sollte ich nicht nur aufs Glück vertrauen, schließlich kann ich auch Millionär werden, wenn ich beim Fernsehquiz 15 Fragen richtig beantworte.
Sie: *(nimmt einen Stapel Lottoscheine)* Ich helf dir beim Ausfüllen.
Er: Gefragt ist halt eine gute Allgemeinbildung. Wenn man zum Beispiel weiß, dass Voltaire den Strom erfunden hat und die Maya ein Bienenvolk in Südamerika waren, dann kann man getrost auf den Telefonjoker verzichten.
Sie: Du bist so klug, ich bewundere dich.
Er: Ich könnte mich natürlich auch auf ein Gebiet spezialisieren …
Sie: Au ja, berühmte Erfinder.
Er: … aber da gibt es, glaub ich, nicht so viel zu gewinnen.

Sie: Das glaub ich allerdings auch.
Er: Wusstest du, dass das männliche Gehirn 1375 Gramm wiegt?
Sie: Am Stück?
Er: Im Schnitt, das weibliche übrigens 1245.
Sie: Und?
Er: Nichts und, ist einfach so.
Sie: Du kannst also 1375 Gramm Hirn in die Waagschale werfen, um Millionär zu werden?
Er: Genau.
Sie: *(füllt übertrieben hastig einen Lottoschein aus)* Ich hoffe nur, du hast deinen Job noch nicht gekündigt.
Er: Pferdewetten wär auch noch 'ne Möglichkeit. Wenn man sich ein bisschen auskennt, kann man ganz schön absahnen.
Sie: Und du kennst dich aus.
Er: Das will ich meinen, der Turf ist quasi meine zweite Heimat, und seit ich damals vom Pferd gefallen bin, macht mir so leicht keiner was vor.
Sie: Höchstens du dir selber.
Er: Oder Windhundrennen, Windhunde sind ebenfalls nicht schlecht.
Sie: Bist du da auch schon runtergefallen?
Er: Jetzt hab ich's, ich gehe ins Spielcasino und setze alles auf meine Glückszahl, die 27.
Sie: Was alles?
Er: Den Lottogewinn.
Sie: Bist du sicher, dass du noch alle 1375 Gramm beisammen hast?
Er: Hol die Waage.
Sie: Dann ist ja gut.
Er: *(zum Publikum)* Ich hab keine Ahnung, wer den Jackpot geknackt hat. Beim Hunderennen siegte jedenfalls »Tornado« vor »Geölter Blitz« und »Hurricane«. Mein Favorit ist offenbar noch immer nicht durchs Ziel, »Windbeutel«, der Name hätte mich stutzig machen sollen.

## Auto

»Autokauf ist Männersache« hieß es schon bald, nachdem das Rad erfunden war. Doch wie bei so manchen männlichen Privilegien ging auch hier die Evolution im Lauf der Zeit darüber hinweg. Heute müssen die meisten Männer froh sein, wenn ihnen wenigstens die Farbauswahl der Fußmatten vorbehalten bleibt.

**Eingangsszene:** *Das Ehepaar sitzt im Wohnzimmer und studiert Prospekte verschiedener Automarken.*

Sie: Das ist nicht dein Ernst, nicht wahr?
Er: Was denn, mein Schatz?
Sie: Du willst nicht im Ernst so einen Riesenbus kaufen.
Er: Das ist kein Bus, meine Liebe, das ist ein Van.
Sie: Was hast du denn vor? Willst du jetzt an den Wochenenden Kaffeefahrten veranstalten? Ich möchte dich daran erinnern, dass unsere Familie gerade mal aus zwei Personen besteht.
Er: Wir können uns ja ein Tier anschaffen.
Sie: Und an was hast du dabei gedacht? Einen Elefanten?
Er: So ein Van ist jedenfalls praktisch und elegant. Schau dir nur mal die Ausstattung an.
Sie: Ja super, sogar mit Garagenaufkleber: »Wir müssen draußen bleiben.« Weißt du, was mir vorschwebt?
Er: Oh ja, aber ich möchte kein halbes Auto.
Sie: Ein Kabrio hat einfach was. Wenn die anderen im Sommer in ihren Blechbüchsen schwitzen, machen wir das Verdeck auf …
Er: … und holen uns 'n Sonnenstich. Der Van hat eine Komfort-Klimaanlage und wir ein festes Dach überm Kopf. Außerdem kauf ich kein Auto, bei dem nur das Halstuch und die Sonnenbrille serienmäßig sind.
Sie: Du bist langweilig. Guck mal, der hier ist doch Klasse. Ganz in Gelb, schwarzes Verdeck …

Er: ... Borussenschal auf der Ablage ...
Sie: ... und beleuchtbarer Kosmetikspiegel.
Er: Das ist ein Zweisitzer, für den gibt es nicht mal eine Anhängerkupplung.
Sie: Na und?
Er: Soll unser Elefant hinterherlaufen? Ich will ein solides Auto, ich hab in meinem Leben schon genug Schrott gefahren.
Sie: Mein Gott, das war doch auch lustig. Ich musste mal den Schalthebel am Lenkrad durch einen Schraubenzieher ersetzen, seitdem trag ich immer einen bei mir.
Er: Und ich trage Nylonstrümpfe, seitdem mir mal der Keilriemen gerissen ist. Ich möchte einfach ein vernünftiges Auto, möglichst in Blau, mit einem Dach und mindestens vier Sitzen.
Sie: Bist du eigentlich schon als Kind so gewesen? Du hattest bestimmt Stützräder am Fahrrad, anders kann ich mir das nicht erklären. Na schön, dann müssen wir halt einen Kompromiss finden.
Er: Wie soll der denn aussehen? Ein blau-gelber Viehtransporter mit offener Fahrerkabine und beleuchtbarem Kosmetikspiegel?
Sie: Pass auf, lass uns einfach mal 'ne Probefahrt machen, dann wirst du schon sehen.
Er: *(mit Bommelmütze, Schal und Fäustlingen zum Publikum)* Wir haben ein neues Auto. *(Pause)* Todschick, vielleicht etwas eng für uns alle. Doch wenn wir das Verdeck auflassen, dann geht's. *(das Trompeten eines Elefanten ertönt)* Ich muss los. Bis bald.

## Badeschwamm

*Die frühkindliche Begegnung mit einem Vertreter der Porifera aus dem Reich der Metazoa kann traumatische Folgen haben, wer wüsste das nicht. Manchmal hört man von Betroffenen, die ihren Komplex als Erwachsene überwinden konnten, niemals jedoch von solchen, die ihrem Übeltäter verziehen hätten oder gar eine Liaison mit ihm eingegangen wären. Niemals, bis heute jedenfalls.*

**Eingangsszene:** *Das Ehepaar steht in einem Drogeriemarkt vor einem Regal. Er hält einen Badeschwamm in der Hand und begutachtet ihn eingehend.*

Sie: Das ist nicht dein Ernst, nicht wahr?
Er: Was denn, mein Schatz?
Sie: Du willst nicht im Ernst 20 Euro für dieses Tier ausgeben, oder?
Er: Für welches Tier denn, bitteschön?
Sie: Na, für diesen Schwamm, du willst nicht ernsthaft 20 Euro für diesen Schwamm ausgeben!
Er: Ein Schwamm, meine Liebe, ist erstens kein Tier, auch wenn es sich um einen Naturschwamm handelt, und zweitens soll dieses Prachtexemplar meinen bisher eher tristen Badealltag entscheidend aufwerten, und dies rechtfertigt durchaus seinen Preis.
Sie: Na schön, wenn ihr heiraten wollt, dann sucht euch irgendwo eine möblierte Nasszelle und werdet glücklich, in meine Badewanne kommt dieses Viech jedenfalls nicht. Schon als Kind waren mir diese großlöcherigen Ungetüme nicht geheuer, ich hab immer geglaubt, dass sie alles aufsaugen, was in ihre Nähe kommt. Vor jedem Baden musste meine Mutter zunächst den Schwamm entfernen und durfte ihn erst wieder zurückbringen, wenn ich fertig war. Einmal hat meine kleine Schwester mir den Schwamm absichtlich ins Badewasser

|        |                                                                                                                                                                                                                  |
| ------ | ---------------------------------------------------------------------------------------------------------------------------------------------------------------------------------------------------------------------------- |
|        | geworfen, seitdem ist es ganz aus. Halte mir also bitte das Tier so weit wie nur möglich vom Leibe! |
| Er:    | Es ist kein Tier. |
| Sie:   | O doch, es ist! |
| Er:    | *(im Wohnzimmer, in einem Lexikon blätternd)* Schwabe, Schwalbe, Schwamm. – |
| Sie:   | Und, wer hat nun Recht? |
| Er:    | Hier steht, dass wir unbedingt etwas gegen deine Spongiaphobie unternehmen müssen, weil mit fortschreitender … |
| Sie:   | Ist es nun ein Tier oder nicht? |
| Er:    | Vielleicht. |
| Sie:   | Zeig mal her. – Na also: »Das Einzeltier hat becherförmige Gestalt …« |
| Er:    | Schon, aber »Badeschwämme haben ein feines, faserigmaschiges Skelett, das wegen seiner Elastizität, Weichheit und Saugfähigkeit als Reinigungsmittel dient.« |
| Sie:   | Auf jeden Fall ist es ein Tier. |
| Er:    | Aber ein totes. |
| Sie:   | Mir kommen keine toten Tiere in die Wanne! Am besten, du begräbst es im Garten. |
| Er:    | Und wenn es noch lebt? |
| Sie:   | Dann besorg einen Käfig. |
| Er:    | Wie wäre es mit einem Aquarium? |
| Sie:   | Und was soll ich unseren Freunden erzählen, wenn sie sehen, dass sich in deinem Aquarium ein Badeschwamm tummelt? Nein, nein, begrab ihn oder sorge zumindest dafür, dass er sich anständig aufführt, dann kannst du ihn von mir aus behalten. |
| Er:    | *(zum Publikum)* In den folgenden Wochen gab unser neuer Mitbewohner immer weniger Anlass zu kontroversen Diskussionen, denn während er immer wieder zu meinem Badevergnügen beitrug, ging er meiner Frau offensichtlich aus dem Wege. Oder sie ihm, wie ich glaubte, bis mir eines Tages auffiel, dass er nicht wie sonst von außen an der Klinke unserer Badezimmertür hing, als meine Frau badete. *(fragt durch die* |

|      | *angelehnte Badezimmertür)* Wo ist denn der Schwamm, Liebling? |
| ---- | --- |
| Sie: | Du meinst »Spongi«? |
| Er:  | »Spongi«?! |
| Sie: | Hier bei mir, du könntest mir mal den Rücken damit waschen. Aber mach bitte den Mund zu, sonst glaubt unser Freund noch, du wolltest ihn fressen. |
| Er:  | *(zum Publikum)* Unser Badeschwamm heißt »Spongi«, und meine Frau hat ein Verhältnis mit ihm. Das kann ich auch keinem erzählen. |

# Kurze Sketche für jede Gelegenheit

Die in den Texten ausgeführten Ideen genügen Ihnen nicht? Dieses Buch soll und kann auch nur zur Anregung dienen. Gehen Sie überall auf Ideensuche und lassen sich auch von den Beispielen im folgenden Kapitel inspirieren.

## Alternative

**Dauer:** ca. 1 Minute
**Personen:** zwei Personen, die 1. Person muss bereits anwesend sein, wenn die 2. Person die Szene betritt.

**Eingangsszene:** *Bei der Begrüßung des Geburtstagskindes Beispiel für den 28. August*

1. Person: *(zum Geburtstagskind)* Eigentlich kannst du froh sein, dass ich heute hier bin, weißt du, wer noch Geburtstag hat?

*(Das Geburtstagskind wird wahrscheinlich »nein« sagen.)*

1. Person: Goethe. Da wollte ich eigentlich heute hin, aber Goethe hat mich nicht eingeladen.
2. Person: Wie auch, Goethe ist tot.
1. Person: Seit wann das denn?
2. Person: Seit dem 22. März 1832.
1. Person: *(zum Geburtstagskind)* Da kannst du mal sehen, was du für ein Glück hast, dass der Goethe schon tot ist.

## Alles dreht sich

**Dauer:** ca. 1 Minute
**Personen:** ein Paar

**Eingangsszene:** *Bei der Begrüßung des Geburtstagskindes*

Sie: *(zum Geburtstagskind)* Weißt du, so gerne habe ich meinen Mann heute Abend nicht mitgebracht.
Er: Warum denn nicht?
Sie: *(zu ihrem Partner)* Weil sich immer alles um dich drehen muss. Aber heute Abend wirst du dich bremsen, klar?
Er: Wenn du das meinst.
Sie: Das meine ich! Heute hat Max Geburtstag, und da dreht sich selbstverständlich alles um ihn.
Er: O.k., dann werde ich eben aufpassen, dass er mehr säuft als ich. Oder lieber gleich viel, dann dreht sich alles um uns. Komm, Max, lass uns anfangen.


## Schlechte Laune

**Dauer:** ca. 1 Minute
**Personen:** zwei Personen, die 1. Person muss bereits anwesend sein, wenn die 2. Person die Szene betritt.

**Eingangsszene:** *Bei der Begrüßung des Geburtstagskindes*

1. Person: Warum bist du denn allein gekommen?
2. Person: Weil meine Frau *(mein Mann)* schlechte Laune hat.
1. Person: Wieso das denn?
2. Person: Weil ich sie *(ihn)* nicht mitnehmen wollte.

# Fragmente

**1.** *Jemand wird befragt, zum Beispiel bei einem Quiz, vor Gericht oder beim Anhalten um die Hand der Tochter. Mit solchen Szenarien kann auf die Vergangenheit des Geburtstagskindes eingegangen werden:*
An welchem Tag ist Ihr Geburtstag?
Am *(Tag, Monat des Geburtstagsdatums)*.
In welchem Jahr bitte?
In jedem Jahr.

**2.** *Wenn Ihnen kein rechter Schluss einfallen will:*
Und so neigen wir in Ehrfurcht unser Haupt und beugen es dem Tische zu ... in der Hoffnung, dort mit dem Munde auf ein wohl gefülltes Glas zu stoßen ... welches wir in dieser frohen Runde ... auf dein Wohl in unseren Bauch entleeren können.

**3.** *Bei runden Geburtstagen bietet sich folgender Einfall an:*
Glücklich siehst du aus, ein Kegelbruder kannst du nicht sein.
Kann er nicht?
Kann er nicht! Wenn einem Kegler die Null beschert wird statt der Neune, sieht der nie glücklich aus.

**4.** *Eine Idee, die Tochter oder Sohn des Geburtstagskindes und ein Mitspieler verwenden können:*
Mein Vater *(meine Mutter)* ist großartig.
Oh, so was hört man heutzutage selten.
Doch, wirklich, er *(sie)* ist großartig, weil ich ihm *(ihr)* stets bei der Arbeit helfen darf, sogar dann, wenn ich gar nicht will.

## Familienangelegenheiten

**Dauer:** ca. 1–2 Minuten
**Personen:** zwei Brüder; ein Unbeteiligter
**Requisiten:** eine Zeitung

**Eingangsszene:** *Die beiden Brüder stehen am Bahnsteig und verabschieden sich, ein Unbeteiligter steht daneben und liest in der Zeitung.*

| | |
|---|---|
| Erster Bruder: | Mein Lieber! Die paar Tage bei euch waren mal wieder allererste Sahne. Wie jedes Mal! |
| Zweiter Bruder: | Mach mal nicht so ein Aufsehen! Versteht sich doch von selbst! Wozu sind Brüder schließlich da? Freut mich, dass es dir gefallen hat. Komm bald mal wieder! |
| Erster Bruder: | Darauf kannst du dich aber verlassen! Das Essen – ein Gedicht; der Wein – nur die edelsten Tropfen, und deine Frau war im Bett absolute Spitzenklasse. Du wirst nicht lange auf mich warten müssen! *(sie umarmen sich, der zweite Bruder geht ab)* |
| Unbeteiligter: | *(nimmt die Zeitung runter, leicht verstört)* Entschuldigen Sie mal bitte! Ich bin gerade ungewollt Zeuge Ihrer Unterhaltung geworden. Es geht mich ja nichts an, aber haben Sie Ihrem Bruder gerade allen Ernstes gestanden, seine Frau wäre eine Wucht im Bett? |
| Erster Bruder: | *(etwas verlegen)* Da haben Sie mich ertappt! Eigentlich haben Sie ja Recht! Ich wollte nur höflich sein. Soo überragend ist sie wirklich nicht. |

# Reingelegt

**Dauer:** 1–2 Minuten
**Personen:** Anton und Otto, zwei Rentner
**Requisiten:** zwei Spazierstöcke

**Eingangsszene:** *Anton und Otto gehen spazieren.*

Anton: *(grinst stolz)* Stell dir vor, Otto, letzte Woche ist mir der Coup meines Lebens gelungen. Ich werde nächsten Monat noch einmal heiraten.

Otto: Dann darf man wohl gratulieren? Du hast es aber faustdick hinter den Ohren!

Anton: Und jetzt kommt das Beste! Sie ist blond, hat meterlange Beine und eine Traumfigur. Und sie ist erst fünfundzwanzig Jahre alt.

Otto: *(etwas neidisch)* Mensch, Anton, du bist schon ein toller Hecht. Immer hinter den Frauen her und dabei erfolgreich wie eh und je. Wenn das bei mir genauso laufen würde!

Anton: *(prahlerisch)* Ich habe eben das gewisse Etwas, dem Frauen nicht widerstehen können.

Otto: Jetzt aber mal raus mit der Sprache! Spann mich nicht länger auf die Folter! Erzähl, wie du die wieder rumgekriegt hast. Du bist immerhin schon siebzig.

Anton: Na, ein wenig geflunkert habe ich schon. Zuerst habe ich ihr ein Bild von der Yacht meines Neffen gezeigt und gesagt, es wäre meine. Und dann habe ich ihr erzählt, ich wäre schon neunzig.

## Männerträume

**Dauer:** ca. 1–2 Minuten
**Personen:** ein zerstrittenes Ehepaar
**Requisiten:** ein Koffer

**Eingangsszene:** *Nach einem heftigen Streit hat er seinen Koffer gepackt und ist drauf und dran zu gehen.*

Sie: Wo willst du denn hin mit deinem Koffer? Du kommst doch sowieso nirgends unter.

Er: Das hättest du wohl gern. Aber mich siehst du so schnell nicht mehr wieder. Ich weiß schon, wo ich den Rest meines Lebens verbringen werde. Endlich wird ein Traum wahr!

Sie: So, das würde mich mal brennend interessieren, was du so für Vorstellungen hast.

Er: Ich bin ein freier Mann und kann tun und lassen, was ich will. Von dir lasse ich mir nichts mehr sagen.

Sie: Das musst du auch nicht. Du hörst ja ohnehin nie richtig zu, wenn ich mit dir reden will.

Er: Zum Glück muss ich das nicht länger ertragen. In der Südsee werde ich meinen Frieden finden.

Sie: Du immer mit deinen komischen Südseeträumen! Und von was bitte willst du dort leben?

Er: Tja, meine Liebe! Da werden dir die Augen übergehen. Es gibt dort nämlich Inseln, da bekommen Männer jedes Mal, wenn sie mit einer Frau schlafen, fünfzig Euro.

Sie: Wenn du einen Augenblick warten würdest, dann packe ich auch schnell und komme mit.

Er: Ich frage mich, was du da willst!

Sie: Ich möchte nur mit ansehen, wie du mit fünfzig Euro im Jahr auskommst.

## Geisterstunde

**Dauer:** ca. 1–2 Minuten
**Personen:** Klausi, 10 Jahre alt; Hubert, sein Vater; Ingo, ein Freund der Familie

**Eingangsszene:** *Klausis Vater war ein paar Tage verreist und wird nach seiner Rückkehr von seinem Sohn bestürmt.*

Klausi: Papi, Papi! Gut, dass du endlich wieder da bist! Bei uns im Schrank wohnt ein Gespenst!

Hubert: Aber Klausi, du bist doch alt genug und weißt, dass es keine Gespenster gibt.

Klausi: *(beharrt)* Das hat Mami auch schon gesagt, aber ich habe es doch selbst gehört.

Hubert: Na gut, dann gehen wir zusammen nachschauen, dann wirst du schon sehen, dass du dir das alles nur eingebildet hast. *(nimmt seinen Sohn an der Hand und geht mit ihm ab, kommt aber gleich darauf aufgebracht wieder, seinen Freund Ingo am Kragen zerrend)* Mein lieber Schwan, Ingo! Du solltest dich was schämen. Und ich habe immer geglaubt, du wärst ein guter Freund. Wie man sich manchmal in den Menschen täuschen kann! Vertraut habe ich dir und DAS hab ich jetzt davon.

Ingo: *(abwiegelnd)* Aber lass mich doch erklären!

Hubert: *(noch wütender)* Da gibt es wohl nicht mehr viel zu erklären. Kaum dreht man dir für ein paar Minuten den Rücken zu, fällt dir nichts Besseres ein, als dich bei uns in den Schrank zu stellen und meinen armen Sohn zu Tode zu erschrecken.

## Es ist an der Zeit

**Dauer:** ca. 1 Minute
**Personen:** drei
**Requisite:** Kassettenrekorder mit klassischer Musik

| | |
|---|---|
| 1. Person: | Es ist an der Zeit ... |
| 2. Person: | Das kommt vom Alter. |
| 1. Person: | Eben, deswegen ist es ja auch an der Zeit. |
| 3. Person: | Was ist an der Zeit? |
| 1. Person: | Du weißt doch, dass *(Name des Geburtstagskindes)* heute 65 wird. |
| 3. Person: | Klar, deshalb sind wir ja hier. |
| 2. Person: | Genau. Und wenn jemand 65 wird, dann ist es nun mal an der Zeit. *(startet die Musik)* |
| 3. Person: | An welcher Zeit, zum Teufel? |
| 1. Person: | Es ist an der Zeit, einen Mann/eine Frau/einen Menschen zu feiern, wie es so gezeugt in Deutschland nirgendwo eine(n) zweite(n) gibt. |
| 2. Person: | Und genau das wollen wir jetzt tun. |

## Ausverkauf

**Dauer:** ca. 1–2 Minuten
**Personen:** Adele und Brunhilde, um die 70, mit Kopftuch oder Haarnetz
**Requisiten:** zwei Einkaufskörbe mit Gemüse

**Eingangsszene:** *Die beiden Damen schlendern über den Markt.*

Adele: Ach Bruni, das Leben ist auch nicht mehr das einfachste. Alles wird immer teurer. Man weiß bald nicht mehr, was aus einem werden soll.

Brunhilde: Aber Adele, man muss es sich nur richtig einrichten, dann kommt man schon über die Runden. *(zieht ein Bund Möhren aus ihrem Einkaufskorb)* Ich will es dir mal kurz erklären. Siehst du diese Rüben? Nicht ganz makellos, aber dafür habe ich sie für einen Spottpreis bekommen. Praktisch geschenkt.

Adele: Ich kann dich wirklich nur bewundern. Du bist eine tolle Frau. Nie um eine Idee verlegen und auch nicht auf den Mund gefallen. Ich wünschte, ich könnte so sein wie du!

Bruni: Aber das ist doch nicht schwer. Man muss nur die Augen offen halten und vor allem mit den Leuten reden, dann kann gar nichts passieren. Und sein Geld hält man eben ein wenig zusammen. Schau! Gestern war ich zum Beispiel mit meinem Mann beim Räumungsverkauf.

Adele: Und hast du wenigstens was Ordentliches für ihn gekriegt?

Bruni: Zweihundert Euro! Nicht die Welt, aber ich bin schon froh, dass ihn überhaupt jemand genommen hat!